Mes aventuriers excentriques

De Marie Laveau, reine du vaudou,
au véritable Dracula

DU MÊME AUTEUR

Louis XIV. L'envers du soleil, *Orban, 1979*
La nuit du sérail, *Orban, 1982*
Joyaux des couronnes d'Europe, *Orban, 1983*
La femme sacrée, *Orban, 1984*
L'ogre. Quand Napoléon faisait trembler l'Europe, *Orban, 1986*
Grèce, *Nathan, 1986*
Le palais des larmes, *Orban, 1988*
Le dernier sultan, *Orban, 1991*
Nicolas et Alexandra. L'album de famille, *Perrin, 1992*
Portraits et séduction, *Le Chêne, 1992*
La Bouboulina, *Plon, 1993*
Ces femmes de l'au-delà. 11 récits extraordinaires, *Plon, 1995*
Henri Comte de Paris, mon album de famille, *Perrin, 1996*
L'impératrice des adieux, *Plon, 1998*
Romans orientaux, *Plon, 2000*
La nuit blanche de Saint-Pétersbourg, *XO, 2000*
La conjuration de Jeanne, *XO, 2002*
Mémoires insolites, *XO, 2004*
Le ruban noir de Lady Beresford et autres histoires inquiétantes, *XO, 2005*
Le rajah Bourbon, *Lattès, 2007*
Le vol du Régent, *Lattès, 2008*
Voices of light, Voix de lumière, voies de lumière, illustrations d'après les œuvres de Marina Karella, *Éditions de la Hutte, 2012*
Une promenade singulière à travers l'Histoire, *Lattès, 2012*
Les mystères d'Alexandre le Grand, *avec Stéphane Allix, Flammarion, 2014*
Avec ou sans couronne, *Stock, 2019*

Michel de Grèce

Mes aventuriers excentriques

De Marie Laveau, reine du vaudou, au véritable Dracula

Stock

Maquette de couverture : © Le Petit Atelier
Illustrations : © Julia Bourdet

ISBN : 978-2-234-09239-6

From M to M

Les traités, les guerres, le progrès économique, les monuments ne font pas l'histoire, mais les hommes et les femmes, qui en sont les acteurs, oui. Dans ma quête d'historien, c'est à eux que je m'intéresse quasi exclusivement. Voici une galerie de personnages hauts en couleur. Pour les choisir, je me suis laissé guider par mes affinités, mon envie de leur ressembler et de vivre comme eux. Ils me font rêver, rire aussi. Ils sont anticonformistes, épris de liberté et excentriques. Certains ont été mal jugés par la postérité. Il fut passionnant de découvrir derrière la légende leur véritable stature, par exemple celle du roi de Naples, Ferdinand IV, prétendument stupide, ou celle du modèle historique de Dracula, le prince Vlad de Transylvanie.

Tous sont audacieux, ont conduit des actions courageuses, solitaires, originales. Beaucoup ont le virus de l'aventure, comme le comte Almásy et Lady Jane Digby, tous deux amoureux du désert, Percy Fawcett, le premier explorateur de l'Amazonie, l'empereur du Brésil, Pedro Ier, ou le jeune Louis-Philippe. D'autres ont celui de l'exploration spirituelle et intellectuelle, tels le poète turc Rûmî, fondateur des derviches tourneurs, l'empereur Rodolphe II, protecteur d'Arcimboldo et de Tycho Brahe, ou la prêtresse vaudoue Marie Laveau. Leur curiosité est insatiable. Ils sont aussi tolérants, pour leurs époques respectives, et ouverts aux opinions et aux religions diverses.

Un certain nombre d'entre eux ont connu une fin tragique, qu'ils ne tâchèrent pas toujours d'éviter, comme ce fut le cas de l'impératrice Élisabeth d'Autriche, de son fils Rodolphe et son cousin Louis II de Bavière, trois figures énigmatiques qui ne cessent de fasciner. La mort de Gustave III de Suède avait même été prédite un siècle auparavant. Quand leur fin n'a pas été dramatique, ils ont su donner à leur décadence un style magnifique, comme l'a fait le dernier Grand Moghol Shah Bahadur II. On trouve des femmes dans cette galerie, émancipées avant l'heure comme la Princesse Palatine, ou aimantes comme Lady Jane Digby dont la vie pourrait nourrir une fresque romanesque. Car mes personnages aiment aimer et être aimés, et ils connaissent les formes les plus variées d'amour, du plus familial et licite au plus sulfureux ou contrarié.

Ces personnages appartiennent à différentes époques. Ils viennent de plusieurs continents. Seule les lie ma familiarité avec eux. J'ai appris à les connaître et apprécier leur valeur ; j'ai visité les lieux où ils ont vécu ; j'ai tâché d'en savoir davantage sur eux. J'ai tant cherché à me les représenter que j'ai eu bien souvent l'impression de les voir, de les entendre, de vivre avec eux. Ils forment une grande famille, celle de mes favoris et favorites de l'histoire.

Michel de Grèce

LOUIS-PHILIPPE Ier

Duc d'Orléans, roi des Français

1773-1850

Louis-Philippe est mon ancêtre préféré. J'ai l'honneur d'en descendre quatre fois, car mes quatre arrière-grands-parents français furent ses petits-enfants.

Pour beaucoup, Louis-Philippe est le roi bourgeois ; et pour les plus malveillants c'est un intrigant. Ma famille maternelle parlait de lui du matin au soir. Ses effigies remplissaient les demeures familiales sous forme de portraits, de gravures, de bustes, de tasses, de bibelots et de livres. Dans la chambre que j'occupais au château de nos cousins Wurtemberg, j'ai un jour compté onze effigies de Louis-Philippe. Seule ma grand-mère, la duchesse de Guise, ne l'appréciait pas. Louis-Philippe était l'homme du juste milieu, or ma grand-mère n'aimait que les extrêmes. Pour autant, cela ne l'empêchait pas de le défendre bec et ongles lorsqu'on le critiquait. Elle l'aurait davantage apprécié, si elle avait compris que c'était un aventurier.

Il naît alors que Louis XV est encore vivant. Son père est Louis-Philippe Joseph d'Orléans, duc de Chartres, sa mère Louise-Marie-Adélaïde de Bourbon-Penthièvre, arrière-petite-fille illégitime de Louis XIV et plus riche héritière de France. Louis XV avait tenté en vain d'empêcher leur union, répétant au duc de Penthièvre, père de la fiancée, que le duc de Chartres était un débauché, un homme sans principes. Mais Penthièvre, enivré à l'idée que sa fille puisse entrer dans la branche légitime de la famille royale, ne l'avait pas écouté. Quant au duc de Chartres, il était épris de la dot plus que de la fiancée. Cet homme, bien que richissime, était en effet constamment endetté. Louis-Philippe est un prince du sang, qui reçoit, à sa naissance, le titre de duc de Valois. Le nouveau roi Louis XVI et sa femme Marie-Antoinette seront ses parrain et marraine. Plus tard, il sera reçu à l'ordre du Saint-Esprit. Ses premiers éducateurs sont choisis selon les règles. Tout semble en ordre, et pourtant, l'aventure n'est pas loin.

Son grand-père Louis, duc d'Orléans, avait fait un second mariage morganatique avec une madame de Montesson, laquelle avait l'habitude de tapoter le bedon imposant du duc son époux en l'appelant « mon gros », un surnom pas tout à fait royal. Cette madame de Montesson avait une nièce, la comtesse de Genlis, maîtresse du père de Louis-Philippe. Ce dernier la fit nommer gouvernante de ses enfants alors que Louis-Philippe était âgé de neuf ans. Madame de Genlis, en plus d'être galante, était ouverte aux idées nouvelles. Le choix d'une femme comme éducatrice des princes royaux n'était déjà pas orthodoxe. L'éducation qu'elle donna aux quatre petits princes, Louis-Philippe, ses deux frères et sa sœur, le fut tout aussi peu. Elle leur enseigna les matières nécessaires à l'éducation de tout bon élève du royaume, mais également des pratiques manuelles auxquelles aucun prince royal n'avait jamais été initié. Ils apprirent à faire la cuisine, à bricoler, à maçonner, et elle leur donna même quelques leçons de médecine. Elle leur inculqua par ailleurs des idées libérales. Elle mena Louis-Philippe, encore petit, au Mont-Saint-Michel, auprès d'un symbole de la tyrannie : la cage dans laquelle Louis XI avait enfermé le cardinal de la Balue. Elle la lui fit détruire à coups de hache. La cage était un faux, car jamais La Balue, traître à la Couronne, n'avait été encagé, mais passons.

Cependant, Louis-Philippe, ses frères et sa sœur n'eurent pas une enfance heureuse. Du fait de leur éducation, de l'attitude et des opinions de leur père, ils étaient tenus éloignés de leur milieu. Jamais ils ne jouèrent avec d'autres enfants de la famille royale, ni avec ceux des grandes familles nobles. Quant à leur mère, elle ne s'occupa jamais d'eux et ne leur témoigna aucune tendresse.

En 1789, le père de Louis-Philippe, devenu duc d'Orléans, embrassa la Révolution et devint député du parti de la Montagne. La maison d'Orléans s'était toujours montrée libérale, et, sous Louis XV, elle s'était même opposée à ce qu'elle considérait comme l'arbitraire monarchique. Le père de Louis-Philippe s'était plusieurs fois dressé contre Louis XVI, son cousin, et s'était ainsi attiré la haine de Marie-Antoinette. Louis-Philippe jugeait quant à lui le couple royal plus favorablement que son père. Selon lui, Louis XVI était capable et intelligent mais affligé d'une faiblesse confondante, ne parvenant jamais à prendre une décision ni à résister à aucune pression. Si Marie-Antoinette aimait la fête, Louis-Philippe n'en concluait pas pour autant qu'elle était frivole. C'était une femme intelligente et, bien qu'elle lui ressemblât peu, elle avait quelque chose de sa mère l'impératrice Marie-Thérèse. Elle était notamment une tête politique aux opinions trop arrêtées et conservatrices.

Louis-Philippe affirmait que son père, le duc d'Orléans n'avait jamais ambitionné de voler le trône à son cousin. S'il avait épousé la Révolution, c'était avec enthousiasme, parce qu'il y croyait et désirait une France démocratique, moderne, en avance sur son temps. Anglomane, le duc d'Orléans était obsédé par le modèle anglais d'une monarchie constitutionnelle et souhaitait la voir appliquer en France. Par faiblesse, il se laissa entraîner par la violence.

Comme son père, Louis-Philippe suivit le mouvement révolutionnaire, notamment en s'inscrivant au club des Jacobins. En qualité de prince du sang, il avait été versé dans l'armée sous l'Ancien Régime. Il fut le seul à y rester alors que la Révolution se radicalisait, tandis que les autres princes français émigraient ou s'engageaient dans l'armée qui combattait la Révolution française. Ainsi, Louis-Philippe fut le seul prince qui combattit pour son pays. Il s'engagea courageusement, à Valmy, à Jemmapes, et contribua aux premiers succès révolutionnaires à Neerwinden. À chacune de ses victoires, il prenait du galon. Il resta même dans l'armée lorsque la monarchie fut abolie et quand son père, pour donner des gages à la Révolution, prit le nom ridicule de Philippe Égalité.

La trajectoire révolutionnaire du général Égalité commença par la suite à s'essouffler. Il se révolta contre les promiscuités auxquelles la Révolution le condamnait, et contre ses excès. Tout ce qu'il avait connu n'était plus que ruines. Il détestait Robespierre, mais n'eut pas la force de fuir. C'est au procès de Louis XVI que Louis-Philippe se dit « Halte-là ! » À tout juste vingt ans, il avait déjà assez de maturité pour conspuer les massacres de septembre 1791. Danton l'avait convoqué en ces mots : « Vous vous indignez des massacres dans les prisons ? C'est moi qui les ai ordonnés, vous feriez mieux de vous taire. Retournez donc à l'armée ! Vous avez un grand avenir devant vous. Un jour vous serez appelé. Entre-temps, n'ouvrez pas la bouche. » Curieuse prédiction...

Lorsqu'en décembre 1792, le procès de Louis XVI fut annoncé, Louis-Philippe supplia donc son père de ne pas y participer. C'était aller trop loin. Philippe Égalité ne l'écouta pas. Louis-Philippe le pria alors de ne pas voter la mort, et le duc d'Orléans le lui promit solennellement. Quelques heures plus tard, pourtant, il rentra à la maison la tête basse. Il avait voté la mort. Il n'avait pas d'excuses. Le procès avait duré des heures. Au moment du vote, il avait prononcé quelques mots inaudibles avant de lancer l'arrêt fatal : « Je vote la mort. » Il était devenu un régicide, lui, le cousin du roi. Malgré ce que j'ai longtemps cru, Philippe Égalité n'a pas voté la mort de Louis XVI par lâcheté, mais bien, et c'est pire, par conviction. Il reprochait en effet à son cousin de ne pas avoir contrôlé son royaume, engagé et concrétisé les réformes. Pour lui, Louis XVI avait failli à son devoir, et il ne méritait donc pas de vivre.

Louis-Philippe fut atterré de cet acte. Il mesura l'erreur impardonnable de son père, ainsi que la tache indélébile qui marquerait désormais la maison d'Orléans. Il retourna à l'armée et y retrouva le général Dumouriez, dont il était devenu l'intime. Ce dernier complotait contre la Convention, et il fut convoqué à Paris lorsque celle-ci l'apprit. Cela signifiait la guillotine, pour lui et pour ses amis. Dumouriez décida de fuir, et, n'envisageant pas de laisser Louis-Philippe, l'entraîna avec lui. La Convention arrêta Philippe Égalité ainsi que les frères de Louis-Philippe, le duc de Montpensier et le comte de Beaujolais, mais pas sa sœur, qui avait réussi à émigrer avec madame de Genlis. Tous trois furent enfermés au fort de Marseille, avant que Philippe Égalité ne soit ramené à Paris, jugé et expédié à la guillotine. Il accueillit sa propre condamnation à mort avec soulagement, car il ne se remettait pas d'avoir voté la mort de son cousin. Il mourut avec courage et dignité.

Louis-Philippe se retrouva exilé, ruiné et chassé de partout. La famille royale et les émigrés fermèrent leur porte à ce général de la Révolution, fils de Philippe Égalité, le régicide. L'aventure commençait...

Louis-Philippe dut d'abord prendre un métier. Les leçons de madame de Genlis purent à cette occasion porter leurs fruits. Sous un nom d'emprunt, il devint professeur de géographie dans un collège de Reichenau, en Suisse. Mais il fut dénoncé et dut fuir. Il alla jusqu'en Scandinavie, visita la Laponie et poursuivit encore, devenant ainsi le premier Français à atteindre le cap Nord. Il eut une aventure avec la sœur d'un pasteur local, dont naquit une fille, qu'il reconnaîtra en lui léguant une montre de poche en argent ainsi que son buste en bronze. Le temps passant, plus personne dans la région ne se souvenait de l'identité du modèle du buste, qui fut installé dans l'église du village comme celui d'un saint étranger. La fille de Louis-Philippe aura une nombreuse descendance, et ma famille peut ainsi se vanter d'avoir près de deux cent cinquante cousins lapons recensés soigneusement par un érudit.

Pendant ce temps-là, en France, Robespierre tombe. La Terreur s'achève. Le Directoire ouvre les portes des prisons, dont celles des fils de Philippe Égalité, qui retrouvent leur frère Louis-Philippe. Tous trois embarquent alors pour les États-Unis, s'installent à Philadelphie et en profitent pour explorer le pays.

Dans la petite ville de Bardstown, dans le Kentucky, ils logent dans la Old Talbott Tavern. Pour passer le temps, Louis-Philippe et ses frères y peignent à fresque les murs de leur chambre. Cette chambre, je l'ai visitée avec Marina, ma femme. J'ai pu admirer les restes de la fresque, au milieu de laquelle se trouvent aujourd'hui deux impacts de balle. Interrogé, l'aubergiste actuel nous a répondu :

« C'est Billy the Kid, le fameux bandit, qui les a faits.

– Pourquoi donc ?

– Il occupait la même chambre que votre ancêtre. Il a tiré sur un fantôme. »

Était-ce celui de Louis-Philippe ?

Plus tard pendant son séjour aux États-Unis, le futur roi rencontra une tribu d'autochtones dont le fils du chef était très malade. Mettant de nouveau en pratique les leçons de madame de Genlis, Louis-Philippe parvint à guérir l'enfant. La tribu reconnaissante lui proposa de rester comme sorcier, mais il déclina.

Louis-Philippe et ses frères quittèrent ensuite les États-Unis pour Cuba, alors possession espagnole. Il y a quelques décennies, une émeraude splendide offerte par Louis-Philippe à une beauté cubaine fut vendue aux enchères à Londres. Je soupçonne qu'il avait dû avoir une liaison avec cette dame. Peut-être ma famille a-t-elle donc aussi quelques cousins cubains inconnus !

Cette période, pendant laquelle Louis-Philippe proscrit errait à travers le monde, fut pour lui aussi pénible qu'enrichissante et inattendue. Malgré l'éducation qui lui avait été dispensée par madame de Genlis, Louis-Philippe était loin d'être adapté *a priori* à la vie ordinaire. Il aurait pu s'en sentir désemparé, mais l'expérience le captiva. Ses voyages en des terres qu'il n'aurait jamais connues si la monarchie française avait duré l'enchantèrent. Il avait l'âme d'un explorateur. Les grands espaces le rendaient heureux. Il se sentait enfin libre.

Chassés de Cuba par le gouvernement espagnol, les trois princes d'Orléans rentrèrent finalement en Europe. En janvier 1800, ils s'installèrent en Angleterre, où Louis-Philippe ambitionnait de se faire une place. Après de savantes négociations, ce dernier obtint d'abord la réconciliation avec la famille royale. Il fut ainsi reçu par le comte de Provence devenu Louis XVIII, roi en exil. Lorsqu'il sonna à sa porte, celle-ci lui fut ouverte par la duchesse d'Angoulême, fille de Louis XVI, qui s'évanouit à la vue du fils de Philippe Égalité. Malgré leur histoire tumultueuse, la paix entre les deux branches de la famille royale fut tout de même, et tant bien, que mal plâtrée.

Les deux frères de Louis-Philippe avaient contracté la tuberculose dans leur prison marseillaise. Le duc de Montpensier mourut très vite et fut enterré à Westminster Abbey. Le comte de Beaujolais s'éteignit à Malte. Louis-Philippe édifiera pour lui un somptueux tombeau dans la cathédrale de La Valette.

Pendant ce temps, l'Europe se débat entre les griffes de Napoléon. Ce ne sont que guerres, invasions, renversements de dynasties. Louis-Philippe, désormais sans ses frères, décide de quitter l'Angleterre. Il arrive en Sicile où s'est réfugiée la famille royale de Naples chassée par les Français. Le voici l'hôte de la Cour la plus conservatrice d'Europe, auprès de la reine Marie-Caroline, sœur de Marie-Antoinette, et du roi Ferdinand, qui a fait exécuter de nombreux aristocrates napolitains accusés de libéralisme. Ils accueillent aimablement Louis-Philippe, qui rencontre les nombreux enfants du couple royal et s'éprend de la jeune princesse Marie-Amélie. Ce n'est pas une beauté, mais elle est intelligente, instruite, elle a de la dignité et sa réserve cache une forte personnalité. Lorsque Louis-Philippe demande sa main à ses parents, la reine Marie-Caroline n'y va pas par quatre chemins : « Monsieur, je devrais vous haïr, et pourtant je vous donne la main de ma fille. »

Louis-Philippe et Marie-Amélie se marient dans la cathédrale de Palerme et recevront en dot le palais d'Orléans, situé juste derrière les murs de la ville. « Palais » est un grand mot pour cette villa naguère dotée d'un parc enchanteur. Elle demeurera dans ma famille jusqu'après la Seconde Guerre mondiale. Mon grand-père le duc de Guise, exilé de France, y mariera mes parents puis son fils, le comte de Paris.

Nous sommes en 1808. Louis-Philippe a trente-cinq ans. Il a vu un ordre monarchique millénaire s'effondrer. L'Église naguère dominatrice est traquée en France. Il ne croit plus en rien. Est-ce à cause de la Révolution qu'il est devenu athée ? Il ne pouvait pas comprendre comment Dieu, s'il était tel qu'on le disait, avait pu abandonner la France à l'horreur de la Terreur. Dieu ne pouvait permettre un tel déchaînement de monstruosité ! Louis-Philippe sera le seul monarque chrétien de l'histoire ouvertement athée. Détail significatif, il fit retirer la croix qui surmontait traditionnellement la couronne royale et que l'on trouve sur les armoiries de toutes les monarchies d'Europe.

Si Louis-Philippe doute des systèmes, il tient à s'adapter à son temps. Depuis son asile sicilien, il observe avec attention la situation. Napoléon terrorise l'Europe. Aucune monarchie n'est plus à l'abri. Il songe qu'il faut abattre l'empereur, dont sa belle-famille a été la victime. En effet, Caroline et Ferdinand ont été chassés du trône par Joseph, le frère de Napoléon, puis par son beau-frère, Murat. Louis-Philippe envisage de se joindre à ceux qui se battent contre Napoléon. J'ai possédé la copie de la lettre qu'il écrivit à Wellington, commandant en chef des troupes anglaises en Espagne, par laquelle il demande à se battre aux côtés des troupes espagnoles. Il y précise qu'il ne veut pas être mis en ligne contre des Français. Son ennemi, c'est le tyran qui a asservi la France à ses folles ambitions. L'armée de Napoléon comptait assez de régiments étrangers pour satisfaire ce désir patriotique. Mais les Anglais répondirent par une fin de non-recevoir à cette offre de services. Les ennemis de Napoléon n'auront pas besoin de Louis-Philippe pour abattre l'empereur. En 1814, les troupes alliées entrent dans Paris, et Napoléon doit partir pour l'île d'Elbe. Un mouvement inspiré par Talleyrand reconduit à la tête de la France la monarchie légitime des Bourbons. Louis-Philippe décide alors de rentrer en France. Le concierge du Palais-Royal, résidence des Orléans depuis Louis XIV, sera stupéfait de voir un homme vêtu en bourgeois entrer un soir dans le vestibule du Palais-Royal, se jeter à genoux dans l'escalier et embrasser les marches en pleurant. Louis-Philippe retrouvait sa demeure.

Louis-Philippe a à peine le temps de faire venir sa famille que Napoléon débarque. De nouveau, il doit partir. Il retourne en Angleterre, qu'il commence à bien connaître. Il parle parfaitement la langue, lit la presse anglaise et apprécie ses amis d'outre-Manche. Waterloo signe le retour définitif de la famille royale en France, mais Louis-Philippe échaudé attend de voir comment les choses vont tourner. Une fois rassuré, il réintègre le Palais-Royal. Les Bourbons, ses cousins, sont de nouveau sur le trône. Louis-Philippe est confronté à une situation peu agréable. Louis XVIII ne l'aime pas, se méfie de lui et refuse de lui confier la moindre responsabilité. Qu'à cela ne tienne, il se rabat sur d'autres occupations, dont l'une lui tient particulièrement à cœur : la gestion de ses sous, pour reconstituer la fortune familiale anéantie par Philippe Égalité et par la Révolution.

Contre ce projet, il voit se dresser… sa propre mère. Elle était l'un des seuls membres de la famille royale à avoir survécu à la Terreur. Elle avait été exilée et avait quitté la France avec son amant, un gendarme nommé Rouzet. De Paris à la frontière, le gendarme plastronnait dans la diligence et la duchesse d'Orléans se faisait toute petite. La frontière espagnole passée, ce fut la duchesse d'Orléans, cousine du roi d'Espagne, qui plastronna, et le gendarme révolutionnaire qui se fit oublier ! Louis XVIII revenu sur le trône, la duchesse d'Orléans lui demanda de titrer son amant comte de Folmont. Obligeant, et pas mécontent de contrarier Louis-Philippe, le roi s'empressa de satisfaire le désir de la duchesse. Quand le comte de Folmont mourut, la duchesse le fit enterrer magnifiquement à Dreux, dans le panthéon qu'elle achevait de construire. La première décision de Louis-Philippe à la mort de sa mère sera d'enterrer à nouveau Folmont, cette fois sous une dalle anonyme du panthéon des Orléans. Le comte de Paris, mon oncle, se plaisait à nous en indiquer l'emplacement chaque fois que nous allions à Dreux prier pour nos ancêtres. La duchesse d'Orléans se méfiait de son fils, qui aimait l'argent. Il passait pour être avare, mais il fut pourtant un mécène d'une extrême générosité. Sa mère refusa qu'il gère sa fortune, il n'y accéda donc qu'en héritant et s'employa alors à la faire fructifier.

Sa sœur devait consoler Louis-Philippe des mesquineries de sa mère. Le retour en France avait permis les retrouvailles entre Louis-Philippe et sa sœur Adélaïde. Cet homme et cette femme qui avaient traversé tant d'épreuves jurèrent de ne plus jamais se quitter. Ils étaient seuls à pouvoir parler de leur père, qu'ils continuaient à aimer en secret, seuls à pouvoir évoquer les souvenirs d'un monde englouti. Madame Adélaïde, ainsi qu'elle fut appelée, devint la conseillère et la complice de son frère.

Louis-Philippe observait les erreurs de la Restauration et bientôt, avec Charles X, les excès de la droite. Il ne faisait pas de politique, mais recevait des opposants. Les salons du Palais-Royal virent se rassembler des écrivains, des artistes, des musiciens mais aussi des hommes politiques de tous les bords, surtout libéraux.

Charles X accorda le titre d'Altesse royale à Louis-Philippe, qui n'était jusqu'alors qu'Altesse sérénissime. Il lui concéda aussi la compensation des biens perdus dans la Révolution en vertu de la loi dite du « milliard des émigrés ». Louis-Philippe était reconnaissant envers Charles X, mais n'en était pas dupe pour autant. Il savait que sa politique était catastrophique pour la France. Jamais, sous l'Ancien Régime, le clergé n'avait pris une telle influence. Les souverains avaient certes été pieux, mais jamais soumis à un parti de prêtres. Charles X ne faisait qu'accentuer sa politique ultra, suscitant critiques et oppositions. Louis-Philippe continuait d'observer et de se taire. Les Français, que la Révolution avait rendus libres penseurs, détestaient la bigoterie du roi, de la Cour et du régime. « À bas la calotte ! » entendait-on dans les rues.

Mais Charles X s'entêtait. Le roi François Ier et la reine Isabelle des Deux-Siciles, frère et belle-sœur de Marie-Amélie, vinrent alors à Paris en visite officielle. Ils furent reçus au Palais-Royal. Louis-Philippe avait fait ouvrir les jardins, qui furent bientôt noirs de monde. Les yeux se tournèrent vers la galerie dans laquelle les invités se promenaient. Charles X, reconnaissable à son bicorne d'uniforme qu'il était seul à porter, s'approcha de la balustrade et murmura : « Bonsoir, mon peuple », mi-amusé, mi-cynique. Pas une réaction, pas un « Vive le roi ». Quand Louis-Philippe apparut à son tour, il fut acclamé. Un invité glissa à l'oreille de son voisin la phrase fameuse : « C'est une véritable fête napolitaine, ce soir nous dansons sur un volcan. »

À peine les souverains napolitains rentrés, la révolution de 1830 éclate. Depuis son château de Saint-Cloud, Charles X ne se rend compte de rien. La révolution enfle. Paris est bientôt aux mains des insurgés. Charles X abdique enfin en faveur de son petit-fils encore enfant, le duc de Bordeaux, mais il est trop tard. Les révolutionnaires ne veulent plus des Bourbons, ils ne veulent même plus de roi. En revanche, certains hommes puissants ne souhaitent à aucun prix la république. Talleyrand et d'importants financiers comme Lafitte y voient l'adversaire de leurs intérêts. La république, c'est l'anarchie. Il faut donc un roi, mais lequel ? Un groupe de pression cogite, animé par Thiers. C'est une invention de Talleyrand, un Marseillais truffé d'intelligence, bouillonnant, remuant et d'une redoutable efficacité. Le roi, ce sera le duc d'Orléans. Il est libéral, populaire, sa famille est exemplaire, il est modeste, bref, tout ce qu'il faut.

Louis-Philippe envoie pourtant deux émissaires auprès de Charles X pour ramener le duc de Bordeaux et en faire le roi dont il serait le régent. Est-il sincère ? On a beaucoup disserté sur les conditions dans lesquelles ces émissaires ont été envoyés. C'était une mission impossible. Jamais la mère du duc de Bordeaux, la duchesse de Berry, n'aurait accepté de confier son fils à Louis-Philippe. Elle manquait de jugement et craignait que le duc de Bordeaux soit aussitôt empoisonné. Mais surtout, il était clair que les Français ne voulaient plus des Bourbons. Louis-Philippe hésita longuement. Pour ne pas subir de pression, il se réfugia en son château du Raincy, dans les environs de Paris, pour réfléchir.

Je me suis souvent demandé ce que j'aurais fait à la place de Louis-Philippe. Accepter le trône, tirer la France de l'ornière, la pousser vers l'avenir ? Oui, mais en recevant en retour l'opprobre de tous les bien-pensants et le sévère jugement de l'histoire, en passant pour un ambitieux sans principes ? Ou alors rester fidèle à la légitimité, se vanter d'être droit, honorer ces mêmes principes... et laisser le pays aller à l'aventure ? Je ne sais ce que j'aurais fait, mais j'admire de tout cœur Louis-Philippe pour sa décision.

Le groupe de Talleyrand faisait pression sur Marie-Amélie, hésitante, et sur Madame Adélaïde, qui se montrait très favorable à la royauté de son frère. Louis-Philippe réapparaît alors et accepte la couronne. Pourquoi ? Il était obsédé par le souvenir de la première révolution et ne voulait à aucun prix que ses excès se renouvellent. C'est ce qu'il craignait plus que tout. Il pensait que la monarchie constitutionnelle était le seul rempart à la révolution. Il savait parfaitement qu'il soulèverait des tempêtes, mais avec son optimisme, peut-être son inconscience naturelle, jamais il n'imagina qu'on le haïrait à ce point. Tout le monde savait que Charles X était incapable, que le prince de Polignac était un homme néfaste. Mais dès que Louis-Philippe accepta d'être roi, on cria à l'usurpation. Pourtant, il avait prouvé sa fidélité à l'idée d'une France libre, prospère et autonome.

Il comprit tout de suite qu'il lui faudrait gagner en légitimité. Il eut l'idée géniale de sortir de l'oubli La Fayette, le héros de la guerre d'Indépendance américaine, le grand personnage du début de la Révolution. On extirpa le vieux général de son château. Louis-Philippe se rendit à l'hôtel de ville au milieu d'une foule surexcitée. La Fayette l'y rejoignit. Les deux hommes apparurent sur le balcon, s'enroulèrent dans un drapeau tricolore. Louis-Philippe embrassa le héros. La foule hurla de joie et La Fayette fut renvoyé *manu militari*, adieu La Fayette ! Louis-Philippe n'avait jamais anticipé un tel scénario. Confronté à un choix dramatique, il choisit de se montrer homme de son temps. Il concrétisa ainsi la curieuse prédiction que Danton lui avait faite des années auparavant.

Louis-Philippe est roi. Non pas de France, mais des Français. Il doit donner des gages à la gauche. Il prend le contre-pied de la cour des Bourbons et devient le « roi bourgeois ». Il reçoit à la bonne franquette au Palais-Royal. Sa porte est ouverte à tous. N'aimant pas dépenser pour lui, il s'habille simplement. Armé d'un vieux parapluie et d'un haut-de-forme devenu vert à l'usure, il accomplit sa marche des Tuileries à son bien aimé château de Neuilly. Ce presque soixantenaire marche longuement. Il est bienveillant, accueillant, parle à tout le monde. Mais en réalité, Louis-Philippe est tout sauf un bourgeois. La fierté qu'il éprouve de sa famille et de ses ancêtres est incommensurable. Pendant la Révolution, alors que les princes d'Orléans étaient ruinés et exilés, son frère Montpensier avait voulu épouser la fille d'un richissime et célèbre duc anglais. « Quoi ! Un simple duc ! Jamais ! » s'était-il exclamé. Plus tard, alors que ses filles étaient difficiles à marier, un prince allemand, le souverain de la petite principauté de Reuss, avait demandé la main de la princesse Clémentine. « Quoi ! Un principicule germanique ! Mais on rêve ! »

En revanche, la simplicité de ses goûts était sincère. Sa jeunesse l'avait habitué à une existence rude. Au contraire de ses ancêtres et de ses successeurs, c'était un homme très attaché à sa famille. Il fut sans doute le seul mari de la maison d'Orléans à rester exclusivement fidèle à sa femme. Il avait cinq fils et trois filles, tous beaux, intelligents, cultivés, charmeurs, parfaitement accomplis. Parents et enfants formaient une famille unie et aimante. En dépit de quelques fêtes somptueuses, la cour de Louis-Philippe était terne, mais il continuait à recevoir artistes, musiciens et écrivains. Il donna dix-huit ans de paix et de prospérité à la France, de 1830 à 1848, refusant toujours de se laisser entraîner dans des guerres. Il ne voulait plus de sang répandu. Il s'en tenait au conseil de son Premier ministre Guizot : « Enrichissez-vous ! » De fait, la France s'enrichit prodigieusement. Louis-Philippe encouragea le développement industriel. Il modernisa la France, l'ouvrit à des technologies de pointe. Curieux de tout, il s'intéressait à toutes les inventions.

Bien entendu, la droite légitimiste ne désarmait pas. Les monarchies européennes avaient reconnu Louis-Philippe du bout des lèvres. Le tsar Nicolas Ier refusa de s'adresser à lui selon le protocole en l'appelant « mon cher frère et cousin », et commença par

« mon cher ami ». Louis-Philippe comprit l'insulte, sourit et s'exclama bien haut : « Le tsar me flatte infiniment car on ne choisit pas sa famille, on choisit ses amis. » Il eut du mal à marier ses enfants dans les familles royales réticentes à donner leurs fils et filles à la progéniture d'un usurpateur.

La gauche non plus ne désarmait pas, frustrée par la révolution de 1830. Daumier inventa la célèbre caricature de la tête de Louis-Philippe en poire. Lui-même en souriait. Alors qu'il longeait à pied le mur de son château de Neuilly, il croisa un jour un adolescent qui dessinait à la craie sur le mur une énorme poire. Il s'arrêta, lui tapa sur l'épaule : l'adolescent se retourna, le reconnut et se mit à trembler. Il se voyait déjà décapité ou pendu. Louis-Philippe sortit une pièce de cinq francs or à son effigie et la lui tendit : « Voici une autre poire pour toi, mon garçon. » Dix-huit ans de paix et de prospérité. En retour, Louis-Philippe essuya plus d'une vingtaine d'attentats, dont le plus célèbre fut celui de Fieschi. Alors que Louis-Philippe menait à cheval avec ses fils une revue militaire, Fieschi tira sur le roi à l'aide d'une machine de son invention qui envoyait plusieurs balles à la fois. Il y eut de nombreux morts et blessés, mais Louis-Philippe et ses fils en sortirent indemnes. « Ce sont les risques du métier », commenta-t-il en haussant les épaules.

Son régime libéral offrit l'asile aux intellectuels, aux artistes, aux politiciens chassés de leur pays par des régimes trop conservateurs, à commencer par Chopin. Si la cour royale était terne, jamais Paris ne brilla d'un tel éclat. Tous ceux qui pensaient et créaient en Europe s'y retrouvèrent, hommes, femmes, étrangers, Français, dans tous les arts. Louis-Philippe fut l'un des plus grands mécènes de l'histoire de France. Il en avait les moyens. Homme d'argent, doué pour les affaires, il avait enfin réussi à sauver l'immense fortune de son père Philippe Égalité. Il avait également hérité de son grand-père maternel, le duc de Penthièvre, une vaste fortune. À la mort de sa mère, il se retrouvait à la tête d'un empire gigantesque, de dizaines de châteaux dont Blois, Amboise, Anet, ainsi que de milliers d'hectares de terres et de forêts. J'en connus de beaux restes car, après la Seconde Guerre mondiale, ma grand-mère, ma mère ainsi que ses frère et sœurs, étaient encore propriétaires des plus grands domaines forestiers de France. Son goût du mécénat était atavique. Monsieur frère de Louis XIV, fondateur de la maison d'Orléans, ainsi que son fils le régent Philippe d'Orléans, avaient été des collectionneurs passionnés, comme devait l'être plus tard le fils de Louis-Philippe, le duc d'Aumale, qui constitua probablement le plus riche ensemble privé de France.

Louis-Philippe assembla une collection inouïe de tableaux de l'École espagnole en Europe. À l'époque, cet art était plutôt négligé. On murmurait qu'il l'avait choisi parce qu'il était moins cher. Il acquit des dizaines de Vélasquez, des œuvres du Greco et de Goya et d'autres merveilles des plus grands maîtres. Malheureusement, après la révolution de 1848, cet ensemble unique au monde fut dispersé et alla orner les musées de l'Occident, comme, des années avant, la collection de maîtres italiens de Philippe Égalité, vendue pour couvrir ses dettes. Louis-Philippe entreprit également les travaux de restauration les plus ambitieux de l'histoire de France. Des millions de sa cassette personnelle furent engloutis dans des projets titanesques, le plus célèbre étant Versailles. Abandonné à la Révolution, le château menaçait ruine. Louis-Philippe le ressuscita. Le passé révolutionnaire du roi, son accession au trône, sa monarchie bourgeoise étaient l'antithèse du palais de Louis XIV. Ce fut pourtant le projet auquel il s'attacha le plus. Il transforma sans hésiter, détruisit des centaines d'appartements, à commencer par celui de son père. Il commanda sept mille tableaux racontant l'histoire de France pour orner les salles immenses qu'il créa. Il suivait les travaux de près, les inspectait fréquemment. Un jour, il fit le voyage avec toute sa famille. Pendant la visite, il s'éclipsa sans qu'on le remarque. Quelque temps après, alors que la famille était arrêtée dans l'un des salons du palais, la porte s'ouvrit à deux battants et une voix retentissante annonça : « Le Roi ! » Alors apparut Louis XIV. La ressemblance entre Louis-Philippe et le Roi-Soleil était telle que la famille crut à un fantôme et fut prise de terreur. Le « roi bourgeois » féru de modernité n'en était pas moins attaché au passé de sa famille. Grâce à lui, Versailles est aujourd'hui le monument le plus visité de France. L'un des conservateurs me l'a dit : « Nous lui devons tout. On n'imagine pas tout ce qu'il a fait pour Versailles. »

Louis-Philippe restaura également d'autres monuments. D'abord la maison de famille, le Palais-Royal, ainsi que les Tuileries qu'il habitait malgré lui car il détestait cet endroit chargé de trop tristes souvenirs. Il le rénova. Il remit également à neuf le palais de Fontainebleau pour le mariage de son fils et héritier, le duc d'Orléans, avec la duchesse Hélène de Mecklembourg-Schwerin. Grâce à lui, Fontainebleau brille encore de tous ses feux. Il restaura enfin de fond en comble le château de Pau, où était né le roi Henri IV, son plus illustre ancêtre, et rénova entièrement la basilique de Saint-Denis, panthéon des rois de France, qui avait été abominablement traitée par les révolutionnaires. Louis-Philippe se fit représenter sur un vitrail de Saint-Denis. L'idée que le roi bourgeois, ancien général révolutionnaire, fils du duc régicide, contemple pour l'éternité le tombeau des rois ses ancêtres, m'a toujours charmé.

Malgré les oppositions, les insultes et les attentats, Louis-Philippe fut heureux pendant son règne. Depuis son mariage jusqu'à sa mort, il fut entouré d'une famille aimante, talentueuse, pleine de personnalités diverses, à commencer par sa femme, la reine Marie-Amélie. De plus, pendant son règne, il eut l'impression qu'il pouvait agir pour le bien. Il fut heureux d'œuvrer pour la France. Mais un malheur précipita sa fin. Il perdit son fils aîné et héritier, le populaire Ferdinand-Philippe, duc d'Orléans, dans un accident de voiture à cheval. Il était beau, jeune, respecté. Cet accident mina Louis-Philippe. Tous ses espoirs étaient partis avec lui. Son héritier, n'était désormais, qu'un enfant, alors qu'il se sentait lui-même âgé et fatigué. À quoi bon s'être battu pendant toutes ces années ? Les Français ne voulaient plus de lui. Dans la paix et la prospérité, eh bien, ils s'ennuyaient. Comme toujours, ils voulaient du mouvement. Louis-Philippe se laissa chasser.

La révolution de 1848 fut une vraie révolution, comparée aux journées de 1830. Les émeutiers étaient aux grilles des Tuileries, hurlant, menaçant. Presque forcé par son fils Montpensier, Louis-Philippe griffonna rapidement son abdication, laissant le trône à son petit-fils mineur, le comte de Paris. Les émeutiers brisèrent les grilles des Tuileries, ce fut la débandade. Le vieux monsieur qu'était devenu Louis-Philippe dut marcher du palais jusqu'à la Concorde déserte. Un fiacre l'attendait, rempli de ses belles-filles et d'enfants. « Allez ouste ! », il débarqua sa famille et partit seul avec Marie-Amélie.

Autant le départ de Charles X pour l'exil s'était accompli avec lenteur et majesté, autant la fuite de Louis-Philippe fut pathétique. Lui et Marie-Amélie atteignirent la côte normande et cherchèrent un refuge avant de trouver un navire qui les emmènerait en Angleterre. La police du nouveau régime les pourchassait. Ils durent se réfugier dans une modeste chaumière, dont il existe un dessin que m'a montré la conservatrice du château de Chantilly. Il faisait froid. Ils étaient seuls, abandonnés. Ils n'avaient aucune idée de ce qu'étaient devenus leurs enfants et leurs petits-enfants. La seule à être restée sur place était la duchesse d'Orléans, veuve, qui mena courageusement ses fils, le comte de Paris et le duc de Chartres, à l'Assemblée nationale pour faire reconnaître l'aîné. Cette audace faillit réussir, mais les émeutiers envahirent la Chambre et les enfants furent séparés de leur mère. Dieu sait comment tout le monde se retrouva, mais la duchesse et ses enfants durent fuir à l'étranger.

Louis-Philippe réussit finalement à embarquer pour l'Angleterre. Au cours de ce voyage dangereux qui le mena des Tuileries jusqu'à Londres, malgré l'angoisse terrible qui étreignait le couple royal, le roi retrouva les émotions de sa jeunesse, lorsqu'il s'était laissé aller au plaisir des aventures inattendues. Au milieu des pires circonstances, Louis-Philippe gardait la même confiance en son destin. Alors que les dangers l'entouraient, que l'hiver le glaçait, que lui et la reine n'avaient aucun abri, aucun espoir, aucune aide, alors que ceux qui les poursuivaient se rapprochaient pour les arrêter, probablement les tuer, Louis-Philippe était certain qu'ils s'en sortiraient. Pas un instant, il ne perdit cette foi. Effectivement, ils s'en sortirent sans trop de dommages. Ils atteignirent l'Angleterre où la reine Victoria, qui avait toujours eu un faible pour lui, lui offrit une fastueuse hospitalité en son château de Claremont qu'elle mit à sa disposition. Le vieux souverain s'y installa avec sa femme, puis ses enfants qui purent le rejoindre. Tous échappèrent à la révolution et à la nouvelle république, sains et saufs.

Louis-Philippe récupéra une partie de sa fortune. Il passait ses journées à ressasser le passé le plus lointain, la cour de Versailles, la Révolution. En plein milieu du XIXe siècle, il évoquait Danton et Robespierre comme s'il les avait quittés la veille. Les visiteurs étaient éblouis. La famille, qui entendait souvent le même récit, soupirait en levant les yeux au ciel. Il tomba malade de faiblesse et de grand âge. Il avait soixante-dix-sept ans. Il s'alita et sa santé baissa rapidement. La reine Marie-Amélie lui dit doucement :

« Mon ami, voudriez-vous voir un prêtre ?

– Je comprends, je vais partir. »

Pour faire plaisir à sa femme, il accepta le prêtre. Sa mort vint paisiblement. Il était entouré de sa famille, de ses amis anglais, de l'amitié de la reine Victoria. Cette chaleur humaine réchauffait son âme. Il se disait que le destin lui avait accordé une vie extraordinaire dont il avait profité à chaque instant, à chaque opportunité, à chaque aventure. Aussi n'avait-il pas peur de la mort, même s'il n'avait pas la foi. Il l'abordait comme une nouvelle aventure. Il savait que le destin l'avait toujours protégé et le protégerait après sa mort, lui ferait connaître de nouveaux horizons. C'est ainsi qu'en 1850 il mourut en paix, surtout avec lui-même.

Sa sœur bien-aimée, Madame Adélaïde, s'était éteinte bien des années plus tôt. Sa femme Marie-Amélie vécut jusqu'à sa mort à Claremont, visitée constamment par ses descendants. Elle eut le temps de voir naître son arrière-petite-fille, Amélie de France, future reine de Portugal, dont elle fut la marraine et qui porta son nom. J'ai connu dans mon enfance ma grand-tante Amélie.

La dépouille de Louis-Philippe, bien des années plus tard, fut ramenée en France. Elle repose désormais à Dreux. Le « roi bourgeois » en marbre se tient debout à côté de la reine, sa fidèle épouse, à genoux. Non seulement j'admire Louis-Philippe, mais j'oserais dire que je me sens proche de lui.

L'IMPÉRATRICE ZOÉ LA PORPHYROGÉNÈTE

(vers 978-1050)

Très jeune, j'ai été initié à l'histoire de l'Empire byzantin par le livre de Charles Diehl, *Les Figures byzantines*. J'y ai découvert un monde somptueux et violent de passions, d'intrigues et de crimes. Pourtant, les Occidentaux ont, dès le XIXe siècle, déconsidéré l'Empire byzantin. Gibbon le désignait sous le terme peu valorisant de « Bas-Empire ». Pourtant cet empire grec avait été un phare de la civilisation, le rempart contre les Turcs, le roc finalement submergé de la chrétienté. Bien plus tard, je découvris l'art byzantin, la splendeur de son architecture dans les actuelles Turquie, Syrie et Égypte : ses icônes au regard inoubliable, son orfèvrerie, ses manuscrits. Je ne sais trop comment je tombai un jour sur Psellos. C'était un professeur et érudit, écrivain et philosophe, haut fonctionnaire de la cour, qui vivait au Xe siècle à Constantinople. Dans sa chronique, il décrit les événements dont il fut le témoin et les souverains byzantins qu'il connut. C'est ainsi que je rencontrai l'impératrice Zoé la Porphyrogénète.

« Porphyrogénète », car Zoé est née dans la pourpre impériale, plus exactement dans la salle du palais aux colonnes de porphyre. Elle était la fille de l'empereur Constantin VIII, lui-même issu de la courte mais illustre dynastie macédonienne. Elle avait une cadette, Théodora, beaucoup moins jolie qu'elle, mais fort intelligente. L'empereur Constantin VIII était un homme sympathique mais frivole. D'un égoïsme farouche, il ne pensait qu'à ses plaisirs et ne s'occupait de personne, surtout pas de ses enfants, qui n'avaient par ailleurs gardé aucun souvenir de leur mère. Il avait cependant donné à ses filles les meilleurs professeurs. L'aînée, Zoé, appréciait les romans et de la poésie, et elle n'aimait pas la philosophie qu'elle laissait à sa sœur Théodora, laquelle la traitait d'idiote. Les deux sœurs, depuis l'enfance, ne s'aimaient pas. La seconde était aussi austère que la première était vive et curieuse.

Zoé grandit entourée d'eunuques, de dames d'honneur, de servantes. Elle connaissait à peine Constantinople où elle vivait. Elle avait à sa disposition les jardins du palais, dont elle sortait parfois pour apparaître aux côtés de son père dans la grande loge du cirque. Néanmoins, elle se tenait au courant de ce qui se passait dans l'empire et dans le monde. Une partie de sa vie se passait en achats. Bien sûr, elle n'allait pas dans les marchés, mais les commerçants apportaient au gynécée étoffes, bijoux, bibelots et parfums. Sa sœur dédaignait ces visites, mais Zoé en raffolait. Elle était petite, un peu rondelette, avec un teint éblouissant de fraîcheur et des grands yeux sombres. Les travaux réservés aux dames, comme la couture et la tapisserie, l'ennuyaient. Elle préférait fabriquer des parfums, des crèmes et des onguents en suivant les recettes de ses parfumeurs. Elle faisait venir fleurs, graisses et plantes de tous les coins du monde, et avait transformé ses appartements en un véritable laboratoire.

Un jour, l'empereur du Saint Empire romain germanique demanda la main de Zoé pour son fils, le roi des Romains, Otton III, ce que son père Constantin accepta. Zoé se mit donc en route pour rencontrer son fiancé. Mais une fois à Bari, elle apprit sa mort. Elle rentra donc à Constantinople. Plus tard, un autre empereur germanique, Conrad II, demanda sa main pour son fils Henri. Une belle alliance en perspective ! On s'enquit du fiancé, on apprit qu'il avait dix ans... Zoé en avait plus de quarante. On refusa. C'est ainsi que Zoé atteignit la cinquantaine, sans être vraiment sortie du gynécée et sans avoir connu l'amour, alors qu'elle n'avait qu'un rêve, rencontrer de beaux hommes et s'amuser. La nature l'avait dotée d'un tempérament de feu qui, hélas, n'avait rien pour se nourrir.

L'empereur son père – nous sommes en novembre 1028 – tomba mortellement malade. Il se souvint qu'il lui fallait assurer sa succession, dont il ne s'était jusqu'alors jamais soucié. Théodora étant entrée au couvent, il désigna Zoé. Oui, mais Zoé seule, avec les dangers, les agressions, les ennemis qui entouraient l'Empire byzantin, c'était impensable ! L'empereur songea qu'il fallait la protéger en la mariant au plus vite. Il choisit un sénateur d'une grande famille, Romain Argyre, qui n'était plus un jeune homme mais avait le pouvoir, l'influence et la richesse nécessaires. Seul écueil, le prétendant était marié.

L'empereur fit venir l'épouse de Romain Argyre et lui donna le choix suivant : soit elle acceptait le divorce, soit il ferait crever les yeux de son mari. La pauvre accepta d'entrer au couvent, et le jour même, Zoé épousa Romain Argyre. Le lendemain, l'empereur Constantin VIII mourut, et le surlendemain, Romain et Zoé furent couronnés empereur et impératrice de Byzance. On ne perdait pas son temps, à la cour byzantine ! Bien qu'enfermée au couvent, Théodora était connue, appréciée et populaire, et pouvait constituer pour le nouveau couple impérial une sérieuse rivale. Sur l'ordre de Zoé, elle fut donc accusée d'avoir comploté pour s'emparer du trône, puis exilée dans un couvent plus lointain encore.

Zoé avait dû attendre la cinquantaine pour connaître les joies tant espérées de l'amour. Romain avait beau avoir perdu sa jeunesse et sa beauté, il lui fit découvrir le plaisir pour lequel elle eut immédiatement un goût extrême. Le devoir d'un empereur et d'une impératrice étant d'assurer une descendance, Romain et Zoé se mirent au travail, mais l'enfant ne vint pas. Talismans, neuvaines, charmes, magie, amulettes, pèlerinages n'y firent rien : Zoé avait dépassé l'âge de concevoir. Romain, très vite, ne la toucha plus. Elle aurait pourtant aimé qu'il lui fasse l'amour tous les jours, mais lui s'en moquait car il s'occupait de l'empire. Zoé s'indigna. Pour qui se prenait-il ? S'il était l'empereur, c'était grâce à elle, l'impératrice légitime. Romain commença alors à s'inquiéter et la fit surveiller. Ce n'était pas inutile, car très vite Zoé prit des amants. Romain étant un vieux grigou, il limita l'argent dont elle disposait, car en plus d'être volage, elle dépensait follement pour ses amis et pour elle-même. Plus de sexe, plus de sous, ça n'allait plus du tout.

Il se trouvait à la cour un courtisan de haut rang, Jean l'Orphanotrophe, que l'empereur avait chargé du plus grand orphelinat de l'empire, celui de Saint-Paul. Or, ce Jean avait un frère de vingt ans, Michel. Introduit à la cour, Michel accrocha aussitôt le regard de Zoé, avec son charme irrésistible et son sourire à la fois timide, affectueux et doux. Zoé avait eu des amants, mais cette fois, elle tomba follement amoureuse. Le jeune homme commença par faire le difficile, mais très vite, devant les avantages qu'il entrevoyait, il céda à l'impératrice. Zoé ne put cacher sa liaison, il lui fallait sans cesse Michel à ses côtés, elle voulait le toucher, le caresser, l'embrasser en public. Elle l'aimait de toute son âme, et Michel se laissait faire. Elle perdait la tête, éprise de sa gentillesse, de son humanité, de sa timidité irrésistible. Il était l'être qu'elle devait le plus aimer de sa vie.

Au début, l'empereur son époux ferma les yeux, et donna même des responsabilités à Michel, jusqu'à ce que Pulchérie, sa sœur, l'enjoigne de mettre fin au scandale de la liaison de Zoé. L'empereur leva le ton, mais il tomba alors subitement malade : il enfla, son souffle se fit court, il ne mangeait plus, ne dormait plus. Les rumeurs d'empoisonnement coururent. L'impératrice voulait se débarrasser de son mari pour épouser son jeune amant ! L'empereur tardait à trépasser. Bien que très mal en point, il survivait, ce qui ne faisait pas le compte de Zoé. Le Jeudi saint de l'an 1034, on apprit que l'empereur était mort au palais. Que s'était-il passé ? Il aimait se baigner longuement dans la piscine de ses appartements. Chaque jour, un esclave dévoué devait lui maintenir quelques secondes la tête sous l'eau. Ce jour-là, distraction fatale ou instructions de l'impératrice, l'esclave maintint trop longtemps la pression. Lorsqu'il retira sa main, l'empereur ne respirait plus. Aussitôt avertie, Zoé accourut, se pencha vers son mari, constata qu'il était bien mort et rejoignit aussitôt son Michel.

Le lendemain, Vendredi saint, le patriarche de Constantinople fut convoqué au palais impérial. Il trouva Zoé et Michel vêtus des habits impériaux ornés de cabochons et de perles. Zoé exigea que le patriarche leur donne incontinent la bénédiction nuptiale. Il résista : ils avaient tout de même quarante ans de différence ! Zoé, frivole mais pas bête, connaissait le clergé. Elle fit donner un gros sac d'or à l'homme de Dieu et, aussitôt, celui-ci bénit le jeune ménage. Les courtisans furent appelés à défiler devant le nouveau souverain et sa femme. Du même pas, ils s'inclinaient ensuite devant la dépouille du précédent.

Au début de cette union, tout fut rose pour Zoé. Michel ne pensait qu'à elle, organisait fête sur fête en son honneur et passait avec elle des nuits volcaniques. Elle était au comble du bonheur. Mais après quelques semaines, Michel se mit à réfléchir. Il avait tout de même un empire à diriger. Il se mit à travailler comme un forcené, aidé de son frère Jean. Cela ne faisait pas le compte de Zoé. Elle pria, protesta, exigea, pleura, mais sans succès. Jean, qui la connaissait bien, usa des mêmes méthodes que Romain : il la fit surveiller, l'enferma au gynécée et lui coupa les vivres. Malgré ce traitement, Zoé, toujours folle d'amour, attendait les visites de Michel. Celles-ci se firent d'abord rares, puis cessèrent complètement. Alors, elle interrogea ses eunuques. Qu'était-il arrivé à Michel ? Ceux-ci lui apprirent enfin la vérité sur l'horrible mal dont l'empereur était atteint. Il avait contracté très jeune une maladie impitoyable qui provoquait des crises épileptiques dont il voulait que nul ne fût témoin. Il avait tellement honte qu'il tenait à en épargner le spectacle à Zoé. Lors des rares entretiens qu'il eut avec sa femme, elle lui fit comprendre qu'elle connaissait son secret. Elle l'encouragea à se confier, mais il se replia sur lui-même et l'évita encore plus.

Malgré son état, l'empereur, devenu Michel IV, s'occupait avec acharnement des affaires de l'État. Il veillait à tout. Même paralysé par la maladie, les jambes gonflées au bord de la gangrène, il prit la tête de l'armée impériale pour se battre contre les Bulgares révoltés. Il alla de victoire en victoire. Lorsqu'il rentra, son état avait encore empiré, et il savait qu'il n'en avait plus pour longtemps. Jean l'Orphanotrophe, soucieux de conserver son influence après la mort de son frère, lui conseilla de faire adopter par l'impératrice Zoé l'un de ses neveux, surnommé Michel le calfat parce qu'il réparait des bateaux. Le neveu fut adopté et devint l'héritier de l'empire. Dès le début de sa prodigieuse ascension, Michel IV avait fait le bien, donnant des sommes énormes aux pauvres, aux hospices, aux malades. En arrivant au dernier stade de la maladie, il devint une sorte de mystique, faisant des pèlerinages, des neuvaines, et s'isolant de plus en plus. Il décida finalement d'abdiquer pour se retirer dans un couvent. Il y mourut en odeur de sainteté. Le gigolo était devenu un saint.

Dès l'abdication de l'empereur, le pouvoir revint légalement à Zoé. Après sa mort, il lui fallut choisir un coempereur. Elle hésita pendant trois jours. Toujours amoureuse de Michel par-delà la mort, elle voulut respecter son souhait. Elle choisit le neveu, Michel le calfat. Le jeune homme s'était fait doucereux et reconnaissant. Zoé n'y vit que du feu. La première décision du nouvel empereur Michel V, cet hypocrite, fut de bannir et enfermer dans un monastère son oncle Jean qui l'avait installé sur le trône. Le nouvel empereur était un méchant arriviste qui savait l'impératrice très populaire, ce qui le faisait enrager. Alors commencèrent les humiliations. Il refusa à Zoé l'accès au conseil de l'Empire où se prenaient les décisions. Puis il lui coupa les vivres et la fit surveiller, comme elle commençait à en avoir l'habitude. Mais cela ne suffisait pas à cet être malfaisant, toujours inquiet et envieux. Une nuit d'avril 1042, il fit arrêter l'impératrice. On la tonsura et, en pleine nuit, on lui fit traverser la mer de Marmara pour l'enfermer dans un couvent de l'île des Princes, ainsi nommée parce que l'Empire byzantin y exilait les membres de la famille impériale qui avaient déplu. Il fit afficher dans la ville une proclamation accusant Zoé de trahison. Puis, il envisagea de profiter pleinement des avantages et des plaisirs de sa position. Quant à Zoé, elle s'était laissé faire. Brisée par la mort de Michel IV, sa vie lui semblait inutile et son avenir anéanti. Elle ne souhaitait plus rien, ne s'intéressait plus à rien, et subit sans protester l'ignoble traitement que choisit pour elle Michel V.

Mais celui-ci, en plus du reste de ses défauts, devait être assez borné. Il n'avait pas compris que le peuple byzantin était profondément attaché à la dynastie macédonienne et à ses princesses. À l'annonce de la déposition et de l'exil de Zoé, la population de la capitale entra en révolte. Pendant trois jours, la ville fut mise à feu et à sang, faisant trois mille morts. Les émeutiers attaquèrent finalement le palais impérial. Pour calmer la foule, Michel V fit ramener de toute urgence Zoé de l'île des Princes et l'invita à sortir au balcon. À la vue de leur bien aimée impératrice, d'habitude couverte d'ors et de pierreries, transformée en vieille nonne chauve et de noir vêtue, la foule, loin de se calmer, enragea encore plus. Mais Michel V détenait Zoé. Alors le peuple, qui ne l'avait jamais oubliée, se tourna vers Théodora. Les émeutiers se précipitèrent au couvent de Petrion où elle vivait, et lui demandèrent d'assumer le pouvoir. Médusée, Théodora réfléchit, puis finit par accepter la couronne. Les émeutiers la traînèrent au plus vite en la basilique Sainte-Sophie et la proclamèrent impératrice.

Michel V comprit que la partie était perdue. Il courut se réfugier au monastère du Stoudion, l'un des plus anciens de Constantinople. Les émeutiers envahirent le monastère et lui crevèrent les yeux, provoquant une tempête d'acclamations et de vivats. Théodora, toujours à Sainte-Sophie, lieu saint de l'empire, nommait déjà des ministres, prenait des décisions et faisait déposer l'empereur. Zoé sortit alors du désespoir qu'elle éprouvait depuis la mort de Michel IV. Elle ne voulait pas que sa sœur détestée, Théodora, récoltât la couronne. Son devoir l'appelait. Elle avait toujours aimé son peuple et c'était réciproque, mais le peuple ne savait plus à quel saint se vouer. L'empire avait désormais deux impératrices : Théodora à Sainte-Sophie et Zoé au palais impérial. Le Sénat hésitait entre les deux. L'aînée, c'était Zoé, mais la cadette les avait débarrassés du tyran. Zoé trouva la solution : elle décida d'oublier qu'elle détestait sa sœur et lui proposa de devenir sa co-impératrice. La paix revint. Les deux sœurs si longtemps séparées se retrouvèrent assises sur le même trône d'or. Elles commencèrent par faire consciencieusement leur travail de souveraines. Elles s'informaient des grandes affaires de l'empire, on leur remettait les dossiers. Zoé ne les lisait pas vraiment, elle s'en faisait faire le résumé par ses secrétaires. Les sœurs s'aperçurent alors qu'elles n'avaient jamais été formées à ce métier.

Les grands personnages de l'État, quant à eux, se rendirent compte qu'ils étaient dirigés par deux vieilles femmes. L'une, Zoé, la soixantaine passée, était surtout occupée de messieurs et de parfums, et l'autre, Théodora, profondément avare, comptant le moindre sou. « Ça ne peut plus durer », se répétaient les gens sérieux. « Il faut un homme, voire deux, pour prendre les choses en main. Il faut marier les impératrices. » « Jamais ! » cria Théodora. « Tout de suite ! » répondit Zoé. Elle-même comprenait qu'il lui fallait le soutien d'un homme rompu aux affaires de l'État. Avec empressement, Zoé se mit à la délicieuse tâche de se choisir un nouvel époux.

Le nom de Constantin Dalassène fut avancé. « Non, dit-elle, il a un caractère trop difficile. » Elle avait déjà été assez dominée par les hommes de ce type, elle n'en voulait plus. Il y aurait bien Constantin Catépan… À l'évocation de son nom, Zoé eut un petit sourire : du temps de Romain Argyre, il avait été un de ses amants, et elle en avait gardé le meilleur souvenir. « Bon pour Constantin Catépan », se décida-t-elle. Mais celui-ci mourut brusquement. On murmura que son épouse, qu'il avait déjà trompée avec Zoé, ne voulait pas être de nouveau trahie et avait empoisonné son mari. Restait un troisième Constantin, Constantin Monomaque. Celui-là aussi avait été l'amant de Zoé, du temps de Romain Argyre. Elle l'avait beaucoup aimé et en avait également gardé le meilleur souvenir. « Bon pour Constantin Monomaque. » Mais où donc était-il ? Il se trouvait en exil à Mélitène, où l'avait envoyé Michel IV. Zoé s'empressa de le rappeler et Constantin accourut. L'impératrice le retrouva avec une joie sans mélange. Resté singulièrement vigoureux pour son âge, il avait beaucoup de charme et d'entregent. Mais de nouveau, le patriarche de Constantinople fit des histoires. Un troisième mariage, c'était beaucoup pour l'Église, aussi refusa-t-il de marier lui-même le nouvel empereur et l'impératrice. Peu importait, un autre prélat s'en chargea, et Constantin fut couronné sous le nom de Constantin IX. Tout le monde était content, à commencer par Zoé. Constantin satisfaisait à la demande, il était amusant, spirituel et la faisait rire.

Il y avait toutefois un problème. Pendant son exil à Mélitène, Constantin avait vécu maritalement avec une cousine de sa femme, nommée Marie Skleraina. Elle était beaucoup plus jeune que lui, intelligente, ambitieuse et décidée. Elle avait toujours espéré deux choses : que Constantin l'épouse et qu'il devienne empereur. Il devenait empereur, certes, mais en épousant une autre femme ! Par ailleurs, Constantin ne voulait sous aucun prétexte se séparer de Marie. Il demanda donc qu'elle fût rappelée de Mélitène et présentée à la cour. Il la logea dans une maison adjacente au palais impérial. Zoé accepta tout. Elle avait un mari qui était aussi, malgré leurs âges respectifs, un amant, et le reste comptait peu. Constantin profita de ces bonnes dispositions. Pour éviter chamailleries et autres ennuis, il fit signer à l'impératrice et à sa maîtresse un traité en bonne et due forme, détaillant les droits de chacune, les logements, les heures qu'il accorderait à l'une et à l'autre, les privilèges et les cadeaux, bref, un document qui détaillait le parfait ménage à trois. Zoé s'empressa de signer et Marie n'osa pas y redire.

Tout cela fonctionnait à merveille. Marie avait une très belle voix, qui charmait son amant mais aussi les impératrices lorsqu'elle chantait pour elles. Elle discutait aussi d'égal à égal avec Psellos le chroniqueur. Mais le peuple était beaucoup moins satisfait de cet arrangement. Le scandale lui déplaisait, et il en aimait d'autant plus sa Zoé bafouée. Lorsque Constantin IX apparut dans une procession, la foule le conspua et hurla son amour pour les impératrices Zoé et Théodora, clamant son rejet de Marie Skleraina. Constantin IX se voyait déjà lynché. Les impératrices parurent et apaisèrent leurs partisans, mais Constantin ne se le fit pas dire deux fois : plus jamais il n'apparut seul dans les solennités populaires.

On aurait pu croire qu'à la mort de Zoé, qui avait déjà soixante-dix ans, Constantin s'empresserait d'épouser Marie. La jolie maîtresse n'avait qu'à patienter pour devenir impératrice. Mais le sort déjoua ses calculs car, souffrant de douleurs à la poitrine, elle mourut la première, laissant Constantin au désespoir. À la surprise générale, Zoé regretta sincèrement la mort de Marie, car cette dernière avait rendu Constantin heureux et souriant. Après sa disparition, il fut abattu, parlait à peine, ne riait plus. Pourtant, il parvint à rendre Zoé heureuse jusqu'à sa fin.

Le trio impérial continua ainsi à régner : Théodora s'occupait de ses sous, Zoé fabriquait à présent des parfums pour Dieu et pour les saints. Elle se spécialisait dans les encens rares qu'elle faisait brûler devant les saintes icônes.

Zoé mourut d'une brève maladie. Elle s'éteignit le sourire aux lèvres, en 1050, à l'âge de soixante-douze ans. Constantin manifesta un chagrin aussi grand que celui qui l'avait saisi à la mort de sa maîtresse. Il la fit enterrer avec la plus grande pompe et proclama que son âme était mise au nombre des anges. On peut se demander ce que les anges auraient pensé s'ils avaient reçu la compagnie d'une telle femme. Jusque dans le grand âge, elle avait gardé un teint de jeunette, peut-être grâce aux crèmes et aux onguents qu'elle fabriquait. Elle n'avait pas une ride, même si elle commençait à se voûter et que ses mains tremblaient. Elle avait aussi continué à se montrer généreuse et dépensait sans compter. Et malgré ses défauts, elle avait mis un point final inédit à la glorieuse dynastie macédonienne.

Zoé, de son vivant, avait décidé de laisser une image d'elle-même. Du temps de son premier mari, Romain Argyre, elle se fit portraiturer en mosaïque dans la basilique de Sainte-Sophie, du côté de la tribune réservée aux femmes, sur le mur du fond à droite. Chaque fois que je suis à Istanbul, je vais lui rendre hommage. À l'origine, Zoé avait fait placer l'effigie de son époux à côté de la sienne. Après la mort de Romain, on remplaça son effigie et son nom par ceux de Michel IV, puis de Michel V, puis enfin de Constantin Monomaque, qui y est resté inscrit. Les ouvriers, à force de changer le nom de l'empereur, se fatiguèrent, aussi les lettres d'or de Constantin sont-elles un peu tremblées. Ressemblants ou pas, Constantin Monomaque et Zoé, toujours jeune et ravissante, engoncés dans leurs magnifiques tuniques, se dressent pour l'éternité.

Byzance a connu des impératrices beaucoup plus importantes, mais aucune ne m'a paru plus humaine et divertissante. Je préfère Zoé à toutes les autres, car elle a introduit un air de Folies Bergère dans le vénérable Empire byzantin.

L'EMPEREUR RODOLPHE II

(1552-1612)

Rodolphe II avait fait sa capitale d'une ville qui me fascine, Prague. Elle a entièrement changé depuis son règne, mais l'atmosphère y est toujours la même. La cathédrale de Saint-Vital et l'immense palais du Hradschin se dressent en haut de la colline d'où coule vers la ville basse la ruelle d'Or ornée de maisonnettes. En bas, les rues étroites sont bordées de palais monumentaux. Les couvents sont innombrables et imposants. Le grand prédécesseur de Rodolphe II, l'empereur Charles IV de la maison de Luxembourg, la première dynastie à donner ses lustres à Prague, fit construire le pont sur la Moldau. Le ghetto, avec ses ruelles plus étroites encore, la synagogue à l'atmosphère épaisse et le cimetière juif avec ses tombes de guingois datant de plusieurs siècles contribuent à l'atmosphère étrange de Prague. J'aime les fantômes. À Prague, je suis servi, il y en a partout. Certains peuvent sembler effrayants, mais je n'en ai pas peur. Celui de Rodolphe II est particulièrement cher à mon cœur. J'ai toujours eu un faible pour lui, parce qu'il est l'un des seuls membres de l'auguste maison d'Autriche à avoir eu de l'imagination. Les autres, plus célèbres, sont connus pour leur sens politique ou encore leur génie à accaparer royaumes et dots. Le génie de Rodolphe consista à laisser courir sa fantaisie au-delà des contingences terrestres.

Rodolphe naît en 1552 à Vienne, fils aîné de l'empereur Maximilien II, petit-fils de l'empereur Ferdinand par son père et de Charles Quint par sa mère. Il est élevé à la cour d'Espagne chez son oncle Philippe II. Une atmosphère de fanatisme religieux, d'inquisition et d'autodafé y règne. Les seigneurs sont tout de noir vêtus, les moines errent dans les vastes salles à peine meublées du palais royal, l'Alcazar. Mais les plus grands artistes de l'époque y travaillent aussi, dont Le Greco.

L'Espagne que Rodolphe a connue était bien différente de ses apparences. C'est à elle qu'il doit sa curiosité pour l'ésotérisme, l'occultisme, la chimie. Derrière la façade d'intolérance, de fanatisme voire de cruauté, se déployait un certain effort de spéculation et de créativité, encouragé par le roi Philippe II. Ce dernier semblait inflexible, défenseur d'un catholicisme strict, mais en réalité, il avait surtout su faire de l'Église un instrument de pouvoir.

Il était par ailleurs un homme ouvert et charmant, qui s'était toujours montré affectueux avec son neveu Rodolphe. Il entretenait bien des maîtresses, mais était un homme de famille. Le drame de sa vie, c'était son héritier, don Carlos. Plutôt contrefait, pervers et incontrôlable, ce dernier accumulait les méfaits sanglants, à tel point que son père dut le faire enfermer. Philippe II reporta alors son affection sur son neveu, avec qui il pouvait librement discuter. Le roi d'Espagne avait notamment un œil infaillible pour les artistes, et il initia Rodolphe à leur travail. Son goût audacieux s'écartait des conventions de l'époque.

Rodolphe regagne Vienne à l'âge de dix-neuf ans. L'année suivante, il est élu roi de Bohême. Il s'installe à Prague et ne la quittera plus jusqu'à sa mort. Pour Rodolphe, Vienne était une ville étroite d'esprit et repliée sur elle-même : on y vivait en vase clos, entouré des mêmes gens, on y entendait toujours les mêmes histoires... La ville était minée par les intrigues, les pitoyables ambitions. Prague était tout le contraire, une ville magique, féerique dans son berceau de forêts et de rivières. C'était une terre bénie productrice d'idées et de progrès, tout ce qu'il lui fallait.

Car le nouveau roi n'est pas un homme politique. Il cherche à éviter toute guerre, et en religion, il est infiniment tolérant. Il est érasmien, du nom d'Érasme, ce philosophe de la Renaissance qui prêcha l'ouverture intellectuelle et pencha même vers le néoplatonisme, qui tâche de mêler la tradition polythéiste de la Grèce antique au monothéisme chrétien.

Rodolphe aime passionnément les arts, à commencer par la peinture. Il soutient le Milanais Arcimboldo, qui invente des portraits composés à partir de fruits et de fleurs, de légumes, d'éléments comme la pierre, le feu, la terre, et dont l'œuvre étrange exprime bien la personnalité du souverain. Rodolphe est aussi le mécène des grands maniéristes, comme Hans von Aachen qui multiplie les scènes mythologiques où les corps se tordent gracieusement. Il apprécie la sculpture et commande à Adrien de Vries maints bustes, principalement de sa famille.

Rodolphe est enfin célèbre pour son *Wunderkammer*, c'est-à-dire son cabinet de curiosités. Avec des artistes incomparables tels que les frères Miseroni, il crée des objets à partir de jaspes, d'agates et autres pierres semi-précieuses, ainsi que des personnages ou des animaux en émail. Chaque ouvrage est un univers fantastique que l'on peut rester des heures à contempler. Le Kunsthistorisches Museum de Vienne est pour moi un paradis. Inlassablement, j'y contemple ces objets créés pour le seul plaisir de l'imagination poétique. J'aime particulièrement le bézoard de l'empereur, une sorte de pierre, à peu près la taille d'un œuf d'autruche qui se forme dans l'intestin des chameaux. Le bézoard était considéré comme le meilleur antidote au poison, et il valait toujours mieux avoir le sien avec soi. Rodolphe II en fit monter d'or et d'émeraudes. C'est un objet somptueux.

Rodolphe achète, commande, entasse, accumule. Les galeries de son palais débordent. Il ouvre de nouvelles salles, ne peut pas s'arrêter de collectionner. Il fait même ciseler une nouvelle couronne impériale, alors que jusque-là, seule celle dite « de Charlemagne » servait. La nouvelle couronne est toute en or, dominée par un énorme saphir. Elle symbolise le pouvoir spirituel et à la fois temporel du souverain. Cette couronne, l'une des plus belles du monde, est exposée à la Hofburg, le palais impérial de Vienne.

Mais si Rodolphe éprouve un plaisir immense à collectionner, rien pour lui n'est comparable à la recherche et la spéculation. Rodolphe fut l'un des seuls souverains de l'histoire à s'intéresser profondément à l'ésotérisme. Il voulait percer le secret de la création, de la vie et de l'univers. À l'époque, les mathématiques débouchaient sur l'astronomie, l'astronomie conduisait à l'astrologie et l'astrologie à l'alchimie, ces quatre sciences n'en formant qu'une. Pour tout chercheur authentique, ce n'est pas ce que l'on trouve qui importe, mais plutôt le chemin qu'on emprunte, et c'était cette pensée qui gardait Rodolphe jeune, le consolait, le stimulait et lui donnait du bonheur.

Rodolphe appela à sa cour les plus grands maîtres de ces sciences, et se livra avec eux aux recherches les plus passionnantes. Le premier fut Tycho Brahe, un comte danois, maître en mathématiques et en astronomie, disgracié par son roi. Il était doté d'une prothèse au visage car il avait perdu son nez lors d'un duel.

Au château d'Elseneur, celui d'Hamlet, on peut voir un globe terrestre dessiné par Tycho Brahe. Il y a à peu près cinquante ans, quand la ligne aérienne scandinave SAS avait voulu ouvrir une route directe de Copenhague à Tokyo, il avait fallu étudier le relief des terres du Groenland sous les kilomètres de glace. Ce relief, Tycho Brahe l'avait dessiné sans une seule erreur sur son globe. Comment avait-il pu en avoir connaissance ? Chaque fois que je vais à Prague, dans l'église Notre-Dame-du-Týn, je m'incline sur son tombeau, qui est orné du drapeau danois et toujours fleuri. Tycho Brahe fit venir à Prague un disciple allemand, le jeune Kepler, un génie des mathématiques et de l'astronomie, mais aussi un mystique qui deviendra l'un des plus grands astronomes de l'histoire.

L'empereur reçoit également à Prague John Dee et le rabbi Loew. Le premier est l'astrologue de la reine Élisabeth I d'Angleterre, un savant qui laissera maints ouvrages. Le second est un rabbin et philosophe qui connaît comme personne les textes religieux et judaïques. La légende veut qu'il soit l'inventeur du Golem : pour protéger ses compatriotes des pogromes qui ensanglantaient l'Europe, il aurait fabriqué un géant de terre cuite que quelques mots magiques écrits sur un billet glissé sous la langue pouvaient animer comme un être humain. La statue finit par acquérir sa propre volonté et se mit à commettre meurtres et viols, au point que le rabbi Loew dut la détruire. Que de fois ai-je deviné l'ombre du Golem dans les ruelles étroites du ghetto de Prague, mal éclairé, désert et silencieux ! La tombe du rabbi Loew a la réputation d'être miraculeuse. Pour s'attirer ses bénédictions, il faut y déposer un caillou, ce que je ne manque pas de faire à chaque visite.

À la cour de Rodolphe, on ne trouve pas seulement des grandes vedettes, mais aussi des alchimistes, ésotéristes, mathématiciens, astronomes et astrologues anonymes qui se réunissent dans les appartements souterrains du palais du Hradschin, chez les alchimistes de la ruelle d'Or, chez Tycho Brahe ou chez le rabbi Loew. On discute, on expérimente, on cherche la pierre philosophale... L'empereur est présent au milieu des cornues qui fument, entre ces hommes qui chuchotent, habillés sobrement. Ici, il n'y a pas d'orthodoxie religieuse à respecter. Il n'y a plus de différence entre ces hommes, ils sont unis dans un même objectif : faire avancer l'humanité. L'empereur Rodolphe raffole de ces discussions nocturnes. Lui-même n'invente rien, mais il écoute et donne son avis.

Si l'alchimie semble être réservée à des êtres avides qui veulent transformer les métaux en or, c'était pour l'empereur et ces scientifiques plutôt une quête désintéressée du secret de la vie. Leurs recherches auraient aussi pu paraître liées à la sorcellerie, mais il n'en était rien. Ils agissaient dans un esprit réaliste et scientifique. Beaucoup étaient des mystiques, l'empereur lui-même avait une foi singulière, mais aucun d'eux ne mêlait ses croyances à ses travaux. Malgré les apparences, ils gardaient les pieds sur terre. C'était ainsi, selon eux, que l'on avançait vers la connaissance.

L'empereur Rodolphe n'avait quasiment pas de vie privée. Il craignait le mariage et redoutait d'être dominé par une femme. Il eut parfois la velléité de se fiancer, mais chaque fois, il renonça. Parmi quelques escapades sans conséquences, il avait une maîtresse, Catherina Strada, qu'il avait connue à ses dix-sept ans. Celle-ci n'était pas particulièrement jolie, mais elle était charmante, intelligente, cultivée. Elle n'avait cependant aucun accès au monde ésotérique de son amant, ni à la politique. Elle lui donna plusieurs enfants, garçons et filles. Rodolphe aimait particulièrement l'aîné, Julius. Alors que le garçon n'était qu'un adolescent, il lui donna l'immense château de Krumlov, au sud de la Bohême. Julius s'était épris de la fille d'un coiffeur, Barbara, mais lorsqu'elle lui annonça qu'elle était enceinte de ses œuvres, il la jeta par la fenêtre. Heureusement, un monceau d'ordures lui sauva la vie. Les actes de violence de Julius devenant de plus en plus terrifiants, Rodolphe II fut obligé de le faire enfermer.

L'empereur, qui rêvait de tranquillité intellectuelle, dut faire face aux avanies du pouvoir et de sa propre personnalité. Il se révéla de plus en plus mélancolique. Autour de lui, il ne voyait que des querelles sanglantes, et rien ne permettait d'espérer une paix durable. Rodolphe se réfugia dans ses collections et ses laboratoires, où régnaient l'harmonie et le désintéressement jusque dans les discussions les plus vives. Il savait qu'on le considérait comme un souverain étrange, mais l'époque elle-même n'était-elle pas singulière ? L'humanité faisait peau neuve, lui et les siens y contribuaient.

Au fil du temps, Rodolphe se montra aussi paranoïaque que dépressif. Il craignait d'être dominé, ne voulait se lier à personne, surtout pas aux grands seigneurs, aux ministres et aux généraux. Un seul fit exception, le général Ruswarm. Celui-ci écrasait tous ceux qui s'opposaient au pouvoir impérial. Il était donc apprécié et estimé par l'empereur, qui craignait d'être assassiné.

Rodolphe était rongé par les scrupules, bien que l'empire ne se portât pas mal, puisque l'administration était admirablement rodée et se passait très bien de lui. Il limita son entourage à ses chercheurs bien-aimés et à ses domestiques, particulièrement un certain Makowsky de Machau, l'allumeur de ses poêles, ces gigantesques appareils de faïence qui chauffaient les vastes salles des palais. Il en fit son confident, lui raconta ses malheurs et ses craintes. Makowsky fut assassiné par un valet de chambre ambitieux, Philippe Lang, qui devint par la suite le nouveau favori de l'empereur.

Comme il voyait dans le général Ruswarm un obstacle à son influence, il le fit arrêter, condamner et exécuter.

C'est à ce moment que les événements rattrapèrent l'empereur. Son pays était ravagé par les disputes agressives entre catholiques et protestants. Les protestants de la province de Transylvanie, occupée depuis le Moyen Âge par des Allemands et où l'on parle encore aujourd'hui allemand, avaient commencé à se révolter. Malgré l'esprit de tolérance de sa cour, Rodolphe adopta alors une politique rigoureusement catholique. La Transylvanie protestante fit sécession. Le frère de Rodolphe, Matthias, intervint alors en donnant aux protestants une « lettre de majesté » qui leur accordait des droits, désavouant ainsi son frère l'empereur.

Les Habsbourg peuvent se montrer impitoyables entre eux lorsqu'il s'agit de pouvoir. Les frères de Rodolphe, exaspérés par son indolence politique, entreprennent de lui arracher un à un ses royaumes. Il n'a pas la force de réagir, et ses frères, encouragés, ne s'arrêtent pas. Matthias lui enlève même la Bohême, et il ne lui reste alors de sa charge d'empereur que le titre. Il est quasiment prisonnier dans son palais de Prague. C'en est trop. Une courte maladie l'emporte. Sa dernière décision sera de refuser de toutes ses forces l'extrême-onction, car il ne voulait aucun rapport avec le clergé catholique. Ainsi mourut cet homme qui, en vain, voulut que la science, l'art et la tolérance religieuse fussent plus importants que la politique.

En mourant, Rodolphe considérait qu'il n'avait peut-être pas été heureux, mais que sa vie avait été bien remplie. Il avait voulu un héritier légitime, il ne l'avait pas eu. Il avait désiré une famille unie autour de lui, il n'avait pas su la créer. Il aurait souhaité un règne sans guerre. Le destin ne le lui accorda pas. Ce qui le blessa le plus, ce fut de n'avoir pas été compris. Mais il avait pu mener une vie intellectuelle et servir le progrès humain.

Six ans après sa mort, les citoyens de Bohême, révoltés contre le successeur de Rodolphe II, jetèrent deux députés impériaux par une fenêtre du palais. Ce fut l'étincelle qui alluma l'effrayante guerre de Trente Ans. Des centaines de milliers d'êtres humains furent massacrées dans ce énième conflit entre protestants et catholiques, si cruellement lointain des rêves lumineux, poétiques et pacifiques de Rodolphe II.

LÁSZLÓ ALMÁSY

Le Hongrois aux multiples visages

(1895-1951)

Il y a quelques décennies, mon ami Jacques Moret m'emmena visiter le château de Bernstein, non loin de Vienne. Nous roulions déjà depuis quelque temps lorsqu'apparut soudain à l'horizon, en haut d'une colline, une énorme forteresse médiévale. C'était Bernstein. Les propriétaires nous reçurent le plus aimablement du monde et nous firent visiter les grandes salles de réception. Si l'extérieur était austère, l'intérieur du château déployait toute la fantaisie du baroque le plus échevelé.

C'était l'hiver, il faisait froid. Nos hôtes nous emmenèrent dans une pièce plus petite que les autres et moins glaciale, et nous offrirent un thé accompagné de pâtisseries viennoises. Je n'étais pas venu à Bernstein uniquement pour admirer les lieux, je voulais étudier le célèbre fantôme des lieux, le Chevalier Rouge. Pourquoi « rouge » ? Parce que, paraît-il, il avait une armure de cette couleur. Je demandai que l'on me laisse dans la grande salle où il apparaissait d'habitude. Mes hôtes satisfirent mon souhait et me laissèrent seul. Je m'assis dans un grand fauteuil Renaissance. Le jour pénétrait par de hautes fenêtres qui s'ouvraient sur les deux côtés de la salle blanche et or. Selon mon habitude, je fermai les yeux et attendis.

La porte du fond s'ouvrit, mais, au lieu d'un chevalier en armure, je vis entrer une dame en fauteuil roulant. Je la distinguais parfaitement. Elle n'était plus très jeune, plutôt corpulente, vêtue dans le style des années 1920. Je me rappelle un ton écru avec des dentelles. La dame paraissait furieuse. Elle me lança un regard chargé de colère et de reproche. Elle resta quelques minutes, puis disparut.

Je retournai au petit salon. Mes hôtes et Jacques m'attendaient et m'interrogèrent. Alors, je mentis. Je dis que je n'avais rien vu. « Il y a des jours où les fantômes sont réticents », expliquai-je. Je ne m'attardai pas, j'avais envie de partir. Je ne savais pourquoi, cette vision m'avait fortement perturbé. Sur la route du retour, j'interrogeai Jacques.

« Y a-t-il eu, dans la famille de nos hôtes, une dame en fauteuil roulant ?

– Bien sûr ! La princesse Marie Esterházy, qui appartenait, comme vous le savez, à l'une des plus grandes familles de l'aristocratie hongroise. La poliomyélite l'avait frappée. Son mari János était un fieffé coquin. »

Et Jacques de me raconter János.

C'était le propriétaire du château de Bernstein, homme à femmes et bisexuel, grand chasseur et fêtard. Il avait le goût de la magie noire et de la perversion sexuelle. Il avait flirté avec le nazisme. Il avait rencontré Unity Mitford, celle des fameuses sœurs Mitford qui s'était éprise d'Hitler. János lui fit la cour, mais Unity ne pensait qu'à Adolf. Elle aussi avait atteint un haut niveau dans la perversion sexuelle et accepta d'être la victime de

János. Il entreprit avec elle ce qu'il appelait l'« asphyxie artificielle » : avec un lacet de soie, il enserrait le cou de sa victime jusqu'à ce qu'elle cesse de respirer.

János ne parvint pas à devenir l'amant de Unity, mais il eut plus de succès avec son frère Tom Mitford, lui aussi bisexuel. Le temps passa. La guerre mondiale se termina. János se retrouva à Bernstein avec sa femme paralysée. Il eut une liaison avec une dame de la haute aristocratie et en eut une fille, l'actuelle propriétaire du château.

« Telle fut la vie de János Almásy.

– Jacques, vous avez dit Almásy ? Ce nom me dit quelque chose !

– Bien sûr ! C'est le nom du héros du *Patient anglais.* »

J'avais aimé le célèbre roman de Michael Ondaatje ainsi que le film qui en avait été tiré. Le héros, László Almásy, était le frère de János. Je devais découvrir que son existence, non seulement était bien plus intéressante que celle de János, mais dépassait tous les romans imaginables.

László naît en 1895 au château de Bernstein. Son père György était un explorateur spécialiste de l'Asie, qui donna à son fils le goût des voyages lointains. Très jeune, László se plongea dans l'immense bibliothèque du château. Il était fasciné par les cartes de géographie de son grand-père. Comme tous les aristocrates de l'époque, il eut un précepteur, avant d'être inscrit au lycée de Graz.

Il a quatorze ans lorsque, à partir de maquettes découpées dans un journal, il construit un planeur. Il fait un vol d'essai depuis une falaise non loin du château et tombe d'une dizaine de mètres, heureusement sans trop de dommages. À Eastbourne, où il étudie de seize ans à dix-neuf ans dans un pensionnat, il reçoit une formation technique et apprend à piloter les tout premiers avions. Il s'imprègne également de culture anglaise et apprend l'anglais, qu'il parlera toute sa vie de manière parfaite.

Lorsque la Première Guerre mondiale éclata, il rejoignit avec son frère János le onzième régiment de hussards hongrois. Ils se battirent contre les Serbes et contre les Russes sur le front de l'est. Il était devenu un pilote expérimenté. En pleine guerre, il fut transféré dans l'aviation austro-hongroise, où on lui confia des missions dangereuses de reconnaissance le long du fleuve Dniestr. Il avait appris le russe dans son enfance, ce qui lui servit beaucoup à ce moment-là. Peu avant la fin de la guerre, son avion fut abattu au nord de l'Italie. Il passa les derniers mois du conflit à instruire des élèves aviateurs. La guerre terminée, il retourna à son premier amour, l'Angleterre, et rejoignit l'institut technique d'Eastbourne. Il y fut l'un des pionniers du club de vol.

Puis Almásy rentra en Hongrie. Dieu sait pourquoi, il devint le secrétaire personnel de l'évêque János Mikes de Szombathely. Cette forte personnalité était un fervent partisan de la maison impériale d'Autriche, qui suivait avec un profond chagrin les épreuves que subissait son souverain, l'empereur Charles Ier. Ce dernier était monté sur le trône en pleine guerre à la mort de son oncle François-Joseph. C'était un pacifiste et un libéral, et il avait tenté de mettre fin à la guerre au plus vite, mais Clemenceau avait fait échouer ses efforts. L'empereur avait dû combattre, puis subir la révolution qui embrasa l'Allemagne, l'Autriche-Hongrie et la Russie. Il fut enfin forcé d'abdiquer et de s'exiler en Suisse.

Couronné à Budapest, en pleine guerre, avec la plus vénérable couronne de l'Europe, celle de saint Étienne, emblème de la Hongrie, il avait fait le serment d'être fidèle à ce royaume. Il n'imaginait donc pas l'abandonner. Aussi voulut-il reprendre la couronne de Hongrie, encouragé par les nombreux appels des monarchistes hongrois. L'évêque Mikes trempa jusqu'au cou dans les tentatives de son empereur. Il chargea même Almásy de le conduire du lieu de son exil jusqu'à Budapest. L'empereur-roi Charles, rencontrant László Almásy, le prit pour un membre de la branche aînée de sa famille et s'adressa à lui en lui donnant du « comte ». Cela suffit pour que László se prenne pour un véritable comte et le fasse croire à tous ceux qui l'approchaient. Lui seul savait qu'en réalité, il n'avait pas de titre.

Mais les alliés s'opposèrent férocement à tout retour des Habsbourg en Autriche. L'empereur-roi dut renoncer, puis il fit une seconde tentative au cours de laquelle László Almásy le conduisit en avion jusqu'à Szombathely. De nouveau, les Alliés menacèrent durement, non seulement l'empereur-roi, mais la Hongrie elle-même. Ils exilèrent Charles sur l'île de Madère, où il ne tarda pas à mourir. L'acharnement des Alliés contre la maison d'Autriche fut aussi cruel qu'incompréhensible et injuste.

Sa passion pour le désert, László Almásy la doit à ces expéditions auprès de l'empereur-roi. Il se trouvait à Szombathely lorsqu'une usine d'automobiles, la Steyr, engagea Almásy après ses tentatives manquées en faveur de Charles. En effet, il était aussi un véritable coureur automobile et un passionné de voitures de course. Il remporta de nombreuses compétitions sportives pour la Steyr. Puis il convainquit un ami, le très riche prince Antal Esterházy, de le rejoindre pour parcourir Alexandrie-Khartoum, un trajet que personne n'avait jusqu'alors réussi à réaliser avec une automobile ordinaire. Ce fut ainsi qu'Almásy découvrit le désert, et sa vie en fut changée, car, instantanément, il en tomba amoureux.

En 1931, il organisa une expédition Le Caire-Le Cap, cette fois en avion. Il était accompagné par le comte Nándor Zichy, un grand seigneur de Bohême, avec qui il s'envola depuis l'aéroport de Budapest. Quatre jours plus tard, encore en chemin, ils furent pris dans une tempête de sable au-dessus de la Syrie, et leur avion s'écrasa non loin d'Alep. Zichy et Almásy s'en tirèrent avec quelques égratignures, mais leur avion était une épave. La presse syrienne annonça qu'ils étaient morts, et les membres de l'expédition partirent finalement sans eux.

Almásy séjournait souvent à Bernstein, où il organisait des chasses pour les aristocrates les plus en vue. Il reçut plusieurs princes de la maison souveraine d'Égypte, et ceux-ci l'invitèrent en retour. Ses séjours en Égypte ne firent que renforcer son attirance pour le désert. Bien que son éducation l'eût formé aux mondanités, Almásy était un solitaire. À ses yeux, le désert représentait le bonheur car c'était la solitude, mais aussi l'infini, l'espace et la liberté.

Il travaillait alors toujours pour la Steyr et testait la résistance des camions en roulant des jours entiers dans les sables infinis. Puis vint le jour où il troqua la chasse et les camions Steyr pour l'exploration et l'archéologie. Parmi ses clients, il avait en effet rencontré le prince Kamal el-Din Hussein d'Égypte, un érudit. Très timide, réservé, celui-ci refusait de paraître à la cour et avait renoncé au trône dont il était l'héritier pour se consacrer à l'exploration archéologique.

Le prince finança une expédition, qu'il monta avec un Anglais, Sir Robert Clayton, et à laquelle se joignit Almásy. L'expédition se ferait en voiture et dans un avion Havilland Gipsy Moth acheté par Sir Robert Clayton. Le but était de découvrir la légendaire cité de Zerzura, qui apparaît dans la littérature et la poésie arabe dès le XIIe siècle : une ville sortie des *Mille et Une Nuits* que personne n'avait jamais retrouvée.

Peut-être n'avait-elle jamais existé que dans l'imagination des poètes des siècles passés, car nos explorateurs ne trouvèrent jamais Zerzura. En revanche, ils découvrirent le site de Gilf el-Kebir dans le désert libyen. On y trouve, dans des grottes, les peintures rupestres parmi les plus belles au monde. L'une de ces grottes est baptisée la grotte des Nageurs, car on y voit nager des hommes. Or, pour nager, il faut de l'eau. Ces peintures sont la preuve que, dans la préhistoire, il y avait eu à cet endroit de l'eau et une abondante végétation. Almásy découvrit aussi des peintures représentant des vaches, des girafes, des gazelles, des antilopes et des autruches. Au cours d'expéditions ultérieures, il découvrit encore huit cents grottes contenant des peintures en blanc, rouge, brun sombre et jaune, représentant des animaux et des hommes à la peau noire. Cette découverte eut une importance considérable. Almásy avait trouvé sa vocation, il était devenu un explorateur respecté.

Plus tard, il fit encore d'autres découvertes. En 1934, non loin de l'oasis de Dakhla, il exhuma une amphore grecque intacte. Un nom lui vint à l'esprit, celui de Cambyse, roi des Perses. Ce dernier avait envoyé une immense armée dans le désert à la conquête de l'oasis de Siwa. Cette armée n'était jamais arrivée, et nul n'en avait retrouvé la trace. On supposait qu'une tempête de sable l'avait enterrée sous les dunes, et bien des expéditions étaient partis à sa recherche. Selon Almásy, cette amphore, ne pouvait être qu'une relique de l'armée de Cambyse, qui sur sa longue route dans le désert avait certainement abandonné des récipients de ce type, ayant contenu des stocks d'eau.

En 1935, l'année suivante, non loin de l'oasis de Farafra, il tomba sur de nombreuses pyramides creuses de la hauteur d'un être humain, apparemment des cairns, qui s'étendaient sur quatre-ving-dix milles vers Siwa. À cent cinquante-cinq milles au sud de l'oasis, il fut pris dans une tempête de sable qui dura huit jours et dont il sortit miraculeusement vivant, ce qui acheva de le convaincre que l'armée de Cambyse avait subi le même sort.

Malheureusement, il joua de malchance avec ses bailleurs de fonds. Sir Robert Clayton, qui avait financé la plupart de ses expéditions, mourut soudainement d'une infection. Sa femme Dorothy, lady Clayton, une riche Américaine sculptrice, aviatrice et aventurière, mourut à son tour dans un mystérieux accident d'avion, suivie du prince Kamal el-Din Hussein.

Almásy chercha alors désespérément des sources de financement et trouva un nouveau sponsor, l'archéologue et ethnographe allemand Leo Frobenius, avec qui il continua à explorer ce désert qui était toute sa vie. Mais, rentré en Europe occidentale après une de leurs expéditions, Frobenius donna à Budapest une conférence dans laquelle il s'en attribuait le succès et les fruits. Cette usurpation fit scandale et Frobenius dut quitter hâtivement Budapest, ce qui laissa Almásy de nouveau sans financement.

Sa quête de fonds l'entraîna dans des voies périlleuses. Avant que le conflit mondial n'éclate, il proposa ses services à l'espionnage italien installé en Éthiopie, qui les refusa, puis à l'*Intelligence Service* anglais. Ces derniers se méfièrent encore plus et refusèrent également son offre. En fait, chacun soupçonnait Almásy de servir l'autre. La vérité était plus crue : l'explorateur avait besoin d'argent et se vendait au plus offrant.

Au début de la guerre, László Almásy rentra en Hongrie et s'engagea dans l'armée de l'air. Il attira ainsi l'attention de Nikolaus Ritter, l'un des plus grands espions germaniques, proche collaborateur de Canaris, le maître des services secrets militaires allemands. En effet, Almásy, après toutes ses expéditions dans le désert libyen, avait publié le récit de ses voyages sous le titre *Le Sahara inconnu en avion et en auto dans le désert libyen.*

Ritter avait lu ce livre, et les Allemands avaient besoin d'un connaisseur du désert libyen pour attaquer l'Égypte. Lorsque la Hongrie se joignit aux forces de l'Axe en signant un traité le 20 novembre 1940, Ritter courut à Budapest rencontrer Almásy. Puis il persuada Kenessey Waldemar, le commandant des forces militaires hongroises, de prêter Almásy à l'Allemagne. Il fallait que son prestige fût grand ! Ritter engagea incontinent Almásy et l'expédia en Libye où on le versa dans l'Afrikakorps. Almásy ne voulait pas servir les nazis, mais bien l'Allemagne, parce que les

Alliés à la fin de la Première Guerre mondiale avaient anéanti son pays et son roi.

Il s'entendit parfaitement avec le maréchal Rommel, célèbre commandant des forces allemandes en Afrique du Nord, qu'il considérait comme un parfait soldat et un Allemand de grande classe, et qu'il respectait et aimait comme il avait aimé le prince Yusuf Kemal. Ils montèrent ensemble l'opération Salam, qui débuta en mai 1942. Almásy avait engagé deux espions : Johannes Eppler, qui parlait l'arabe parfaitement, et son opérateur radio, Gerd Sandstede qui, ayant vécu de nombreuses années en Amérique, pouvait passer pour un citoyen américain. Almásy et ses deux espions quittèrent l'oasis de Jalo en Libye, alors colonie italienne, dans deux camions volés à l'armée américaine et deux Chevrolet. Leur intention initiale était d'aller directement vers l'est, mais ils tombèrent dans des sables mouvants et les chauffeurs furent très malades. Almásy renonça. La seconde expédition les conduisit vers le sud-est. À la pointe extrême de la Libye, près de l'oasis de Kufra, le terrain était terrible. Leur réserve d'eau s'épuisa. Ils risquaient de mourir de soif. Almásy se rappela alors que dix ans auparavant, lors d'un passage dans la région, il avait laissé des bidons d'eau fraîche dans une grotte. Il la retrouva. Plusieurs bidons avaient été vidés depuis par d'autres expéditions, mais quatre restaient intacts et hermétiquement scellés. L'eau était parfaitement potable.

Ils ignoraient qu'à Bletchley Park, on connaissait leur existence. Dans ce château non loin de Londres, on avait établi une équipe sensationnelle de décodage, au sujet desquels sont parus plusieurs livres et surtout un film, *The Imitation Game*, centré sur leur plus célèbre membre : Alan Turing. Parmi ces as du décodage se trouvait une jeune femme, Jean Arlington, qui avait réussi à décoder les messages de Rommel. Elle était tombée sur un certain Almásy et une opération Salam. Elle recommanda ainsi d'arrêter l'espion hongrois le plus vite possible. Les Anglais envoyèrent donc cinq cents soldats sous le commandement de Bagnolt, un expert du désert et ancien compagnon d'exploration de notre héros. Arrivés à l'oasis de Kharga, Almásy et ses compagnons aperçurent aux jumelles les soldats anglais envoyés par Jean Arlington. Ils réussirent à vider leurs réservoirs et à leur échapper par un réseau de sentiers connu d'Almásy seul. Ils atteignirent ensuite Assiout, une grande ville égyptienne sur le Nil. Almásy n'eut qu'à placer ses espions dans le premier train pour Le Caire avant de retourner à la ville de Jalo, en Libye italienne. Il avait parcouru cinq mille kilomètres à travers le désert.

Les espions furent finalement interpellés et parlèrent. Le réseau égyptien fut ainsi découvert. Les Anglais arrêtèrent en particulier Anouar el-Sadate, chez qui on trouva les documents les plus incriminants. L'ambassadeur anglais au Caire, Miles Lampson, nota : « J'espère que l'homme sera fusillé. » Malgré ce pieux souhait, Sadate fut seulement chassé de l'armée et interné jusqu'à la fin de la guerre. Les espions d'Almásy furent bien traités par les Anglais : Sandstede fut ébahi par la qualité de la nourriture qu'on lui servait, bien meilleure que celle qu'on ingurgitait dans l'Afrikakorps. Il avoua avec naïveté : « Comme je n'avais pas envie de mourir, je leur ai tout dit. » Rentré à Budapest, Almásy prit contact avec l'Église catholique et s'occupa de sauver des dizaines de familles juives de la mort en camp de concentration. Pro-Allemands toujours, pro-nazis jamais.

La guerre prend fin. Les forces soviétiques envahissent et occupent la Hongrie. Almásy est arrêté et envoyé dans une prison soviétique, puis traîné devant un tribunal du peuple et jugé pour trahison. Acquitté, il réussit à fuir le pays. C'est alors que les choses se compliquent. S'il a échappé à la condamnation et à l'exécution, c'est parce qu'on a acheté les autorités hongroises communistes, les gardiens de sa prison et les gardes-frontières.

Qui a pu le faire, sinon l'*Intelligence Service* anglais ? Et pourquoi les Anglais auraient-ils sauvé un agent allemand, sinon parce que cet espion travaillait aussi pour eux ? L'argent payé par les services anglais aux communistes hongrois avait été fourni par un cousin du roi Farouk d'Égypte. Le lien qui rattachait Almásy à l'Angleterre était fort. Depuis la Première Guerre mondiale, il avait une forte rancune envers les Alliés, mais il faisait tout de même une distinction entre eux.

Il haïssait les Français, les communistes et les Russes, mais était plus indulgent vis-à-vis des Anglais, car, pour lui, eux seuls s'étaient rendu compte que démanteler l'empire d'Autriche, réduire la Hongrie et détrôner l'empereur avait été une erreur massive. Les Habsbourg pouvaient encore rendre des services, comme le prouva ensuite la Seconde Guerre mondiale.

Les services anglais réussirent à sortir Almásy de la Hongrie communiste avec un faux passeport, sous le nom de Joseph Grossman. Ils le firent passer en Autriche où il fut accueilli par un drôle de personnage, le colonel Ronnie Waring, qui se disait duc sicilien de Valderano.

Bien qu'Almásy fût arrivé dans la partie de l'Autriche occupée par les Anglais, le KGB voulait sa peau et le pourchassait toujours. Il était en danger d'être kidnappé, voire assassiné. Ronnie Waring le mit dans un avion pour Le Caire, où il fut accueilli par le cousin du roi d'Égypte qui avait payé pour sa délivrance.

À ce moment-là, Almásy n'a toujours pas d'argent. Il lui est impossible de rejoindre son château de Bernstein, tombé dans la zone d'occupation russe. Il reprend donc son ancien métier et organise des chasses dans différentes régions d'Afrique. La chance le sert à nouveau en 1950, alors qu'il se construit au Caire un magnifique bâtiment dans la plus belle architecture de l'époque. C'est la toute nouvelle idée du roi Farouk : un institut de recherche sur le désert. Farouk en offre la direction à Almásy, qui consacrera alors son temps à la connaissance du désert.

Lors d'une chasse au Mozambique, il attrape la dysenterie amibienne. Quelques mois plus tard, en 1951, alors qu'il se trouve en Autriche, il tombe sérieusement malade. Au bout de quelques jours, il meurt à l'âge de cinquante-six ans à l'hôpital de Salzbourg, ville où il est enterré.

Almásy est mort sans regret. Tout ce qu'il avait aimé et connu s'était écroulé : l'Égypte anglaise, la famille royale d'Égypte, l'aristocratie européenne. Son pays était sous l'emprise soviétique. Même l'espionnage avait perdu en romantisme. Ne restait que le désert, où il aurait aimé finir ses jours. En regardant derrière lui, il constatait qu'il ne s'était pas ennuyé. Il avait eu maintes occasions de se distraire, de s'amuser, et avait pu connaître des gens et des lieux passionnants.

Dans le livre de Michael Ondaatje, *Le Patient anglais*, et le film éponyme, Almásy tombe amoureux d'une femme interprétée magnifiquement par Juliette Binoche. Longtemps après sa mort, on découvrit qu'il était en réalité homosexuel. En 2010, des lettres inaccessibles au public ont été découvertes, dans lesquelles Almásy révèle son amour pour un jeune militaire allemand nommé Hans Entholt, un officier de la *Wehrmacht* qui devait avoir été tué en marchant sur une mine. Un membre de l'Institut des études africaines, où des lettres d'Almásy se trouvent aussi, affirme que des princes égyptiens figurèrent parmi les amants d'Almásy. Il avait beau être un solitaire, il n'en était pas pour autant frustré en amour.

Dans *Le Patient anglais*, il est souvent fait mention d'une oasis au milieu du désert égypto-libyen, nommée Zeitoun d'après le mot arabe qui signifie *olive*. Zeitoun aurait servi de base secrète à Almásy pendant ses opérations.

Il y a plusieurs décennies, ayant séjourné dans l'oasis de Siwa où Alexandre le Grand avait été initié aux mystères d'Amon, j'avais écumé l'oasis, et aussi le désert alentour, sur un grand rayon. Un jour, j'étais tombé sur un bourg voisin d'une maigre plantation de palmiers. J'avais pénétré dans une maison abandonnée. À ma grande excitation, j'avais déniché, sur un mur où la chaux tombée laissait la pierre polie à nu, des hiéroglyphes ! Ce lieu avait donc été occupé par les anciens Égyptiens. J'en cherchai le nom. Je trouvai par terre dans le sable un panneau indicateur portant ce nom, Zeitoun. J'aime à penser qu'il s'agissait aussi de la base secrète de László Almásy.

LE DERNIER GRAND MOGHOL

Shah Bahadur II

(1775-1862)

Sultana Begum est franchement difficile à trouver. Pour la rencontrer, il faut s'aventurer dans la banlieue la plus lépreuse de Calcutta, dans des ruelles boueuses entre les cahutes, parmi une foule misérable de femmes et d'enfants trop maigres. Il faut demander son chemin vingt fois avant d'arriver jusqu'à elle. Elle porte un joli sari, elle a grande allure et, malgré son âge, soixante-dix ans passés, elle garde toute sa stature. Elle ne fait pas la difficile pour raconter sa tragédie.

Son mari Mirza est mort en 1980. Depuis, elle vivote, Dieu sait comment. Elle me montre l'habitat de tôle rouillée qu'elle occupe, deux minuscules pièces au sol de terre battue. Pour préparer ses repas, elle cuisine avec les voisins, et pour faire sa lessive, elle va au robinet du quartier. Elle reçoit une pension ridicule de l'État pour entretenir ses six enfants et ses petits-enfants. Pourtant, son mari descendait en ligne directe des empereurs qui ont bâti le Taj Mahal, le Fort Rouge et la mosquée de la Perle. Feu son mari Mirza était prince : il était l'arrière-petit-fils du dernier Grand Moghol Shah Bahadur II. Sultana Begum n'a malheureusement rien hérité des prodigieux ancêtres de son mari, mais, comme eux, elle appartient à l'histoire.

Shah Bahadur est celui des ancêtres de Mirza dont la destinée me touche le plus. Né en 1775, il est le fils du Grand Moghol Akbar Shah II et d'une mère hindouiste, Lalbai. Dans son enfance, il est l'un des nombreux petits princes et princesses qui habitent le Fort Rouge. Cette gigantesque forteresse de granit rose abrite d'innombrables bâtiments dont la salle du trône, le petit palais et la mosquée sont séparés par des jardins de rêve, ornés de vérandas de marbre, surplombant le fleuve Juma. Les salles de cérémonie avaient été ceintes de parois et de colonnes incrustées de pierres précieuses, mais au temps de Shah Bahadur, beaucoup s'étaient déjà descellées et avaient été volées. Ces salles ne servaient du reste pratiquement plus, car il n'y avait plus aucune cérémonie.

Les ancêtres du shah étaient descendus des hauts plateaux du Turkestan au début du XVIIe siècle. Ces farouches guerriers qui avaient conquis l'Inde venaient du Ferghana, aujourd'hui dans l'Ouzbékistan. Leur chef, Babur, était devenu l'empereur, le Grand Moghol. Lui et ses proches descendants étaient des bâtisseurs impénitents. Leur empire était hérissé d'immenses mosquées de granit et de marbre blanc et noir, de palais magnifiques aux fondations monumentales. Shah Jahan avait écrit sur les murs de sa résidence : « S'il y a un paradis, il est ici, il est ici, il est ici. »

Le plus grand d'entre eux, l'empereur Akbar, avait montré une tolérance religieuse inouïe. Musulman, il avait ouvert les bras aux hindouistes, aux juifs et aux chrétiens. Puis son empire puissant avait commencé à décliner. Le shah de Perse, Nadir Shah, l'avait envahi et en avait conquis la capitale, Delhi. Sur une caravane de trois mille chameaux, il avait emporté le trésor des Grands Moghols. Ce qu'il en reste ébloui, encore de nos jours, les visiteurs des caves de la banque Melli, à Téhéran, où il est abrité. C'est le trésor de bijoux et de pierreries le plus précieux au monde. Il ne représente pourtant qu'un quart de ce qui fut emporté par le shah de Perse, car une partie fut volée et une autre enterrée par le shah dans sa province natale du Khorasan. Elle s'y trouve certainement toujours, car elle ne fut jamais retrouvée.

Au XVIIe siècle, les Anglais arrivèrent à leur tour. Sous le prétexte de la East India Company, ils s'étaient insidieusement glissés dans le pays, depuis Calcutta, qu'ils avaient fondée. Depuis, ils grignotaient l'Inde avec détermination et rencontraient de la résistance. Au sud, Tippoo Sahib avait mené la guerre. Les Anglais l'avaient vaincu et chassé les Français qui soutenaient le sultan de Mysore. À l'ouest, ils avaient écrasé Ranjit Singh, le maharadjah du Pendjab, un lion. Il restait le Grand Moghol. Celui-ci avait beau avoir perdu petit à petit toute emprise et quasiment tout son empire, il n'en restait pas moins auréolé d'un immense prestige dans tout le monde musulman. Pour contrebalancer cette aura, les Anglais avaient créé le royaume d'Oudh, avec Lucknow pour capitale. Ils avaient permis au souverain d'en faire une métropole internationale de commerce. Le Grand Moghol n'était donc plus que le roi de Delhi, ses territoires dépassant à peine la capitale. Il vivait de la pension que lui accordaient les

Anglais, auxquels il avait cédé les droits de lever des impôts dans son ancien empire. Constatant l'emprise progressive des Anglais sur l'Inde, le jeune Shah Bahadur voyait les pouvoirs déjà réduits du Grand Moghol rétrécir encore. Les Anglais, bien que peu nombreux, étaient, contrairement aux Indiens, organisés, impitoyables et lourdement armés.

Shah Bahadur avait grandi avec les autres enfants du Grand Moghol, mais très vite, il s'était différencié des autres princes et princesses. N'étant pas destiné à succéder à son père, et voyant depuis son plus jeune âge sa dynastie se diriger vers la tragédie, il avait choisi de s'adonner à la métaphysique et à la poésie. Son père lui préférait du reste Mirza Jahangir, le fils d'une autre femme.

Cet état de choses convenait parfaitement à Shah Bahadur, qui ne souhaitait surtout pas régner. La culture et la spiritualité, en revanche, le passionnèrent immédiatement, et il se mit à composer de la poésie très jeune. Musulman, il s'intéressa aussi au soufisme, qui imprégna sa poésie et marqua sa façon d'être. Il respectait le Coran, mais, considérant que la religion dépasse le texte, il cherchait aussi Dieu dans la contemplation, l'extase et la méditation. Sobre dans ses goûts, il s'habillait non pas comme un prince couvert de joyaux, mais comme n'importe quel sujet de son père. C'était un philosophe, un artiste et un rêveur.

Il vivait donc très agréablement au Fort Rouge, entouré de femmes, de poètes et de soufis, jusqu'à ce que Mirza Jahangir, son demi-frère, commette l'irréparable en attaquant les résidents anglais en visite au Fort Rouge. Mirza Jahangir est exilé et son père n'ayant pas réussi à éloigner Shah Bahadur du trône, c'est donc lui qui succède à l'empereur lorsque celui-ci meurt. Nous sommes en 1837, il a déjà passé la moitié de sa vie dans une obscurité relative, et il a plus de soixante ans quand il monte sur le trône.

Shah Bahadur se retrouve dans un palais à demi ruiné et noirâtre, vidé en partie de ses richesses. Dans cet empire agonisant, il subsistait toutefois une sorte de cour : des courtisans, des eunuques, des grands officiers de la cour des ministres, des centaines de serviteurs arborant des livrées loqueteuses aux dorures ternies. Ils n'étaient plus payés depuis longtemps, aussi se servaient-ils en chapardant ici ou là, surtout des bijoux, qui restaient malgré tout abondants. Lors des rares cérémonies de la cour, Shah Bahadur paraissait, engoncé dans ses brocards et littéralement couvert de perles, d'émeraudes, de diamants énormes et de rubis, mais jamais de saphirs, le bleu portant malheur. Le Grand Moghol et sa cour couvraient de joyaux monstrueux les ruines qu'ils étaient. Ainsi chargés, ils s'avançaient avec des éventails, des palanquins, des parasols brodés d'or, fantômes d'un autre temps.

Car Shah Bahadur avait appris son histoire. Les Indiens avaient été souvent conquis, mais chaque fois ils avaient absorbé leur conquérant. Les Anglais, eux, ne se laisseraient pas absorber. Et même si c'était le cas, après combien d'épreuves ? Après combien de malheurs ? En montant sur le trône, Shah Bahadur savait qu'il ne pouvait faire qu'une chose : garder sa dignité et donner à sa cour déliquescente l'éclat de la civilisation dont lui et les siens étaient les derniers représentants par la poésie, la musique, la danse, la réflexion, la méditation, l'approfondissement de la religion et la recherche de Dieu.

Aussi, à peine devenu Grand Moghol, Shah Bahadur fit de son palais un centre de culture. Les poètes les plus renommés y accoururent, à commencer par le plus grand d'entre eux, Ghalib. Il appartenait à une très ancienne famille d'origine turque seldjoukide qui avait longtemps vécu à Samarcande. Tous ses proches étaient morts, son père dans une bataille, son oncle et tuteur dans un accident, son frère dans un accès de folie. Très jeune, il s'était retrouvé à peu près seul à Delhi, et il s'était marié. Depuis l'adolescence, il écrivait. Il parlait turc et persan, mais c'est en ourdou qu'il rédigea ses chefs-d'œuvre.

Les soufis aussi étaient présents à la cour. Entre poètes et spirituels s'organisaient autour de l'empereur des entretiens d'une qualité extraordinaire. L'empire se mourait mais avec panache, en laissant d'inoubliables trésors à la postérité.

Fidèle à la tradition de ses ancêtres, Shah Bahadur bâtissait. Dans le faubourg de Mehrauli à Delhi, il construisit un ravissant palais, le Zafar Mahal, dans le grand style moghol, en granit rose et en marbre, et rythmé par de ravissantes arcades. Il s'y retirait à la saison chaude. Les eaux courantes alimentaient les jardins, les salles étaient fraîches et le dialogue entre les grands esprits du règne se poursuivait dans un cadre moins imposant que celui du Fort Rouge.

Shah Bahadur avait beau être un penseur à l'esprit tourné vers la spiritualité, il n'en était pas moins un homme à femmes. Épouses et concubines se pressaient dans son harem. Il n'eut pas moins de trente et une filles et seize fils, dont son dernier à soixante-dix ans passés. À plus de quatre-vingts ans, il continuait à honorer ces dames.

Longtemps, il avait eu une favorite nommée « la Bégum Taj Mahal ». Un beau jour, une jeune fille d'origine noble, Zeenat Mahal, apparut à sa cour. Elle avait dix-sept ans, lui soixante-quatre. L'amour flamba dès le premier instant. La Bégum Taj Mahal fut oubliée, et Shah Bahadur épousa Zeenat Mahal, qui devait rester la favorite jusqu'à ses derniers jours.

Dans le palais logeaient les princes et princesses légitimes, nés des épouses des ancêtres de Shah Bahadur, mais également deux mille salatins, soit les enfants illégitimes nés de courtisanes et descendants de tel ou tel Grand Moghol. Certains vivaient dans un dénuement presque total dans l'enceinte du Fort Rouge. Ils erraient à moitié nus et n'avaient pas le droit de sortir. Certains devenaient fous, d'autres écrivaient aux résidents anglais pour les alerter sur leur sort misérable, accusant Shah Bahadur de les avoir abandonnés. Ils osèrent même se révolter, sans succès. L'existence de ces milliers de princes et princesses devait être une chose terrible et étrange, qui causait au sein de la cour un désordre auquel Shah Bahadur était incapable de remédier. De temps en temps, il lui arrivait de lever la voix pour remettre un semblant d'ordre dans son harem, qui replongeait aussitôt dans le chaos.

Il dut assurer sa succession. Naguère, le Grand Moghol avait eu le droit de choisir son héritier parmi ses fils, mais les Anglais avaient depuis introduit le droit de primogéniture, jusqu'alors inconnu sous les cieux indiens. Cela ne convenait pas à Shah Bahadur, tout comme cela n'avait pas convenu à son père, Akbar Shah II. Avant de mourir, ce dernier avait plusieurs fois écrit aux Anglais que son fils était un incapable qui se livrait à des actes « contre nature », pour le discréditer. Malgré cela, Shah Bahadur était monté sur le trône avec le soutien des Anglais.

Et voilà que la même affaire recommençait. Shah Bahadur voulait éliminer son fils aîné, le prince Fakhru, en faveur du fils de Zeenat Mahal. L'héritier du trône assurait en effet aux Anglais qu'il renoncerait à tout pouvoir, une fois souverain. Shah Bahadur, en l'apprenant, était entré dans une colère noire. « On peut prendre un chien au pelage fauve pour le frère d'un chacal ! » avait-il hurlé dans une formule énigmatique.

Tout comme son père l'avait fait avec lui, il accabla son fils de châtiments et d'humiliations. Mais de nouveau, les Anglais s'opposèrent à cette violation du droit de primogéniture. Ils continuaient à tenir Fakhru pour le successeur de l'empereur. Le résident britannique, Thomas Metcalfe, lui fit même l'affront de ne pas se rendre au mariage de Shah Jawan Bakht, le favori, fils de Zeenat Mahal.

Ce résident était un personnage intéressant. Sir Thomas Metcalfe était veuf lorsqu'il avait été nommé à Delhi. À la différence de tant de hauts fonctionnaires anglais qui regardaient de haut la réalité indienne, Metcalfe s'y était plongé avec passion et y avait trouvé son bonheur. Il ne se lassait pas de visiter Delhi et sa région, de découvrir ses monuments, de s'émouvoir devant cette civilisation quasi défunte. Il avait installé son propre palais d'été non loin de Zafar Mahal, celui de Shah Bahadur. Il avait choisi un tombeau moghol abandonné qu'il avait transformé en résidence. Il s'était même constitué une cour rivale de celle du Grand Moghol. Il n'est d'ailleurs pas exclu qu'il ait songé à fonder une dynastie concurrente de celle de l'empereur.

Jusqu'alors, Shah Bahadur et sir Thomas Metcalfe s'entendaient plutôt bien. Metcalf avait de l'estime pour le souverain. Il le trouvait faible et indécis, mais estimait son intelligence et surtout son talent. Quant à Bahadur, il avait de la sympathie pour l'Anglais, à tel point qu'il lui dédia un de ses poèmes :

« Ami, il est qui prend la main de l'ami
Au milieu des troubles et du malheur,
Non pas ceux qui dans la prospérité professent
D'être des amis, ni des frères de réputation. »

La question de l'héritier les divisa, et Zeenat Mahal ne pardonna pas à Metcalfe son opposition à son fils. Un beau jour, sir Thomas tomba malade de terribles douleurs qui lui tordaient les boyaux. Les médecins n'y purent rien, et il mourut en quelques jours. Tout le monde soupçonna Zeenat Mahal de l'avoir empoisonné, car, comme tant de grandes dames indiennes, elle savait être expéditive.

Pendant que Shah Bahadur et Zeenat Mahal se querellaient avec sir Thomas Metcalfe, les Anglais gagnaient du terrain en Inde. Un nouveau gouverneur général était arrivé en 1847, lord Dalhousie. Ce noble écossais d'une illustre famille était décidé à abandonner les faux-fuyants. Jusqu'alors, la East Indian Company avait avancé à visage couvert. Désormais, elle montrerait sans honte son ambition.

Dalhousie publia la loi d'annexion. Désormais, les Anglais pouvaient s'emparer des États indiens jusqu'alors indépendants sous deux prétextes. Le premier était que le souverain indien s'y montre incapable de tenir son rôle. Le second prétexte heurtait l'une des plus vieilles traditions indiennes. En effet, si un souverain n'avait pas de descendant, il pouvait traditionnellement en adopter – une habitude qui se poursuit d'ailleurs dans les familles des maharadjahs actuels. Selon lord Dalhousie, les adoptions seraient donc désormais interdites, et si un souverain n'avait pas de descendant, les Anglais annexeraient son État. Avec une pareille loi, Dalhousie avait le champ libre. Il avança comme un bulldozer sans tenir compte des réactions qu'il pouvait provoquer, ce qui fut une erreur fatale.

Le royaume d'Oudh, que les Anglais eux-mêmes avaient créé, était gouverné par un roi que lord Dalhousie jugeait capricieux. Il le détrôna, l'exila à Calcutta et annexa son royaume. Le roi d'Oudh accepta son sort sans protester. Mais Dalhousie ne s'était pas rendu compte qu'il laissait à Lucknow, la capitale du royaume, une femme redoutablement déterminée. Hazrat Mahal, l'épouse du roi détrôné, n'avait aucune envie d'abandonner le pouvoir aux Anglais. Laissée pour compte dans un palais de Lucknow, elle leur en voulait à mort.

Après cela, lord Dalhousie s'attaqua à l'Empire marathe, un grand état de l'ouest de l'Inde formé plusieurs décennies plus tôt à la faveur de la décadence moghole. Le souverain portait le titre de *peshwa*. Le maître en titre de l'Empire marathe s'appelait alors

Nânâ Sâhib. Seulement voilà, il était adopté. Dalhousie refusa de reconnaître l'adoption, expédia Nânâ Sâhib en exil dans la toute petite ville de Bithur et annexa l'Empire marathe. Ce faisant, il se créait de nouveau un ennemi extrêmement dangereux qui ne rêvait que de vengeance.

Dalhousie s'en prenait aussi aux petits. Le rajah de Jhansi, modeste État au sud de Delhi, avait adopté un lointain neveu. Le rajah à peine mort, le petit garçon fut proclamé rajah sous la régence de sa belle-mère, Lakshmi Bai. Là encore, Dalhousie refusa de reconnaître l'adoption, détrôna la régente et annexa l'État.

Toutes ces actions violentes et injustes provoquaient de graves mécontentements. Les lois anglaises se faisaient de plus en plus dures. La langue britannique s'imposait sur tout le territoire, des missionnaires tâchaient de répandre le christianisme contre l'hindouisme et l'islam, ce qui révoltait les populations. Ayant fait tout le mal possible, lord Dalhousie rentra en Europe.

Les Anglais prirent alors une initiative désastreuse : comme ils s'étaient considérablement étendus, ils n'avaient plus assez de soldats pour défendre les territoires annexés, et ils décidèrent de constituer une armée de soldats indigènes, musulmans et hindouistes, les *cipayes*. À ces soldats, ils distribuèrent des balles pour les fusils Enfield. Or, ces balles étaient enrobées de graisse qui garantissait leur conservation, et les hindouistes, comme les musulmans, n'avaient pas le droit de toucher à la viande ou à la graisse de porc. On exigeait qu'ils mordent la balle pour l'introduire dans le fusil, ce qui équivalait à un blasphème. Les *cipayes* grondèrent. À Delhi, Shah Bahadur l'apprit et composa ce quatrain :

« L'Anglais puissant
Qui se vante
D'avoir vaincu la Russie et la Perse
De l'Inde a été chassé par une simple cartouche. »

C'était aller vite en besogne. Mais le Grand Moghol avait compris qu'une explosion était imminente. Le 10 mai 1857, la garnison de Meerut, une ville importante à une cinquantaine de kilomètres au nord de Delhi, était réunie dans le champ d'exercices. Les officiers anglais donnèrent l'ordre aux *cipayes* de commencer l'exercice de tir. Certains refusèrent alors de mordre les balles graissées de porc. Les officiers anglais voulurent les mettre aux arrêts et aux fers, mais leurs camarades sortirent leurs poignards, se précipitèrent sur les officiers et les massacrèrent. Les *cipayes* révoltés se mirent alors en marche vers Delhi, où ils parvinrent le 11 au matin. La révolte s'étendit ainsi à toutes les classes du peuple de la capitale.

Au palais, Shah Bahadur, apprenant ce qui se passait, décida de se cacher, par peur non d'être tué, mais d'être utilisé. Lorsque les rebelles se présentèrent au palais et demandèrent à le voir, il revêtit sa tenue de cérémonie, ses brocards et ses joyaux, puis se rendit dans la salle du trône, où il n'avait pas donné d'audience depuis des décennies. Les *cipayes* ne s'embarrassant pas de protocoles, ils exigèrent aussitôt qu'il se mette à leur tête et assume enfin son titre de Grand Moghol.

Shah Bahadur savait dès le début que les Anglais gagneraient et que de terribles représailles suivraient, mais il n'avait pas le cœur de décevoir les *cipayes*.

Autour de lui, ses fils et les autres membres de la famille impériale, tous en tenue de cérémonie et couverts de joyaux, l'encourageaient également à accepter. Alors, Shah Bahadur accepta, il monta à cheval et, suivi des membres de sa famille, sortit du Fort Rouge en grande pompe, trouvant dans les rues un désordre effarant.

Arrivé à Chandni Chowk, la grande artère du vieux Delhi, il s'arrêta avec sa procession à la porte dite du « Bégum Bag ». Là, scintillant de pierreries, il s'adressa aux *cipayes* révoltés : « Je suis avec vous de tout cœur, mais je n'ai ni trésor, ni armée. Si jamais je recouvre mes possessions, alors je vous couvrirai de dons d'une façon digne du Grand Moghol. » Des vivats s'élevèrent de la foule : « Nous voulons que vous retrouviez votre empire. Nous mettons nos vies à vos pieds et nous voulons gagner notre réputation pour toujours. » Bahadur Shah répondit : « Tout ce que je possède est à votre disposition. Mangez et buvez à mon compte et avec un cœur ferme, chassez nos adversaires de l'Inde et faites que la monnaie à mon nom puisse circuler. » Effectivement, des monnaies furent frappées avec l'inscription : « Bahadur Shah le victorieux a frappé cette monnaie d'or en signe de victoire. »

Le jour suivant, Shah Bahadur reçut les *cipayes* en audience solennelle lors d'une cérémonie appelée le *durbar*. Les *cipayes* lui présentèrent une soixantaine de femmes et d'enfants anglais qu'ils avaient faits prisonniers, en lui demandant la permission de les tuer. L'empereur s'y opposa, refusant de faire tuer des innocents. Il donna l'ordre que les enfants et les femmes soient menés dans un palais du Fort et que l'on s'occupe d'eux.

Du moment qu'il a accepté de se mettre à la tête du mouvement des insurgés, Shah Bahadur décide de jouer le jeu jusqu'au bout. Il tient des *durbar* dans la salle attribuée à ces réunions, le *diwan kwas*, il rétablit le protocole de cour, il réunit ses ministres, il signe des décrets, il administre l'empire. Mais il n'y a pas d'empire, et ses décrets sont inutiles.

La nouvelle ne tarde pas à se répandre dans tout le pays. Les victimes de lord Dalhousie entrent à leur tour en action. À Lucknow, Hazrat Mahal, avec l'aide d'un prestigieux chef religieux qu'on dit être son amant, le maulvi de Faizabad, soulève la cité. Les Anglais n'ont que le temps de se réfugier dans la Résidence mal défendue, mais ils sont bien armés et un siège commence : quelques centaines d'Anglais contre des milliers de révoltés. À Cawnpore où il se trouve, l'ancien *peshwa* Nânâ Sâhib fait de même. Il soulève la ville et, encouragé dit-on par sa maîtresse, Bibi Hanum, enferme dans un palais trois cents Anglais, principalement des femmes et des enfants. Le massacre commence. Il ne restera pas un seul survivant, et les cadavres seront jetés dans un puits. À Jhansi aussi, la ville s'est révoltée. Ses anciens sujets viennent supplier la rani Lakshmi Bai de se mettre à leur tête. Elle commence par refuser, puis accepte pour garder un semblant d'ordre. Elle empêche tout de même le massacre des Anglais et fait patrouiller la ville par ses gardes.

Les jours suivants, l'anarchie grandit à Delhi. Les révoltés massacrent, pillent, brûlent. Au palais, les mutins exigent que soixante prisonniers leur soient remis. Qu'en fut-il vraiment ? On ne le saura jamais. Selon une version, ils mirent la main sur eux et les exécutèrent. Selon une autre, l'empereur refusa de les rendre, mais les fit tuer dans la prison même. Dans tous les cas, les soixante enfants et femmes furent massacrés.

Parallèlement, un semblant d'organisation se fait jour. Shah Bahadur tient son *durbar* avec les chefs de la révolte. Il écrit aux notables de province, les invite à le rejoindre. Beaucoup se déplacent, mais disparaissent aussitôt, d'autres envoient des excuses. Shah Bahadur continue à promulguer des lois, à offrir des récompenses et à signer des décrets. Il semble agir en Grand Moghol, mais il tremble, car il n'est qu'un fantoche aux mains des révoltés.

Les apparences sont peut-être sauves, mais une grande partie de l'Inde est à feu et à sang. Quarante mille Anglais affrontent cent vingt millions d'Indiens, et les Anglais en sortiront vainqueurs, car les Indiens ne sont pas unis. Ils sont nombreux à ne pas vouloir de la révolte, à craindre les Anglais ou à en attendre des bienfaits en échange de leur soutien. Beaucoup de souverains locaux ne prennent pas parti, dans l'attente de ce qui se passera.

Les Anglais se ressaisissent donc. Ils n'ont pas tous été massacrés, loin de là, des régiments sont même restés intacts. Ils passent donc à la contre-offensive. Une armée se dirige vers Cawnpore pour reprendre la ville à Nânâ Sâhib, et y parvient aisément. Une autre se dirige vers Jhansi, car les Anglais ont fait de la rani leur ennemie numéro un. Ils prétendent qu'elle a déclenché la révolte et décidé le massacre. En réalité, nous le savons, la rani a plutôt tenté d'apaiser les rebelles. Mais puisque les Anglais l'acculent, elle se défendra corps et âme car c'est une femme de tête, de cœur et de courage. À Lucknow, le siège se poursuit. Les mutins dirigés par la Bégum n'arrivent pas à prendre la Résidence. Sir Henry Lawrence, le résident, avait été prévenu quelques jours avant l'éclatement de la rébellion de ce qui allait se passer. Aussi avait-il eu le temps de s'organiser et d'évacuer vers la Résidence les élèves du collège international de la Martinière, des garçons de quatorze ou quinze ans. Armés, ils se défendront avec un courage inégalable. Beaucoup seront tués, et leurs noms seront inscrits sur une plaque de marbre à l'entrée du collège, qui existe toujours et rappelle l'héroïsme de ces adolescents que les circonstances ont transformés en héros. On ne peut lire ces noms sans éprouver une émotion profonde.

À Delhi, Shah Bahadur prétend toujours régner, encouragé par les *cipayes*. Zeenat Mahal est quant à elle dans son élément. Le Grand Moghol a retrouvé son trône, et elle en profite. Elle pousse son mari à assumer sa position, à régner véritablement. Comment le pourrait-il, à son âge, avec un caractère aussi faible et face à des rebelles à la détermination farouche ? Pendant des semaines, cette situation impossible perdure dans Delhi, ravagée.

L'armée anglaise avance à marche forcée vers la ville. Les Anglais ont en effet réussi à constituer une armée de neuf mille hommes. Chaque jour, des combats ont lieu. Bientôt, c'est le siège et le bombardement de la ville. Le 8 septembre, les Anglais ont pratiqué des brèches suffisantes pour partir à l'assaut. Ils rencontrent une violente résistance. Une lutte féroce commence de rue à rue, de maison en maison. Les Anglais approchent du Fort Rouge. Shah Bahadur fait fermer les portes et ordonne de tirer depuis les remparts, mais à quoi bon, face à l'impitoyable artillerie britannique qui renverse tout sur son passage ?

Le 14 septembre, les Anglais ont complètement envahi Delhi. Lorsque Shah Bahadur l'apprend, il éclate en sanglots : « J'ai prévu cette calamité. Ces ingrats m'ont ruiné dans ma vieillesse. J'irai aujourd'hui en personne sur le champ de bataille pour me battre. » Il a quatre-vingt-quatre ans et pourtant, il boucle son armure, monte à cheval et sort du Fort Rouge. Il est reçu par une pluie de balles. Les insurgés le supplient de retourner au Fort. Il obtempère. La guerre est finie. Les combats se poursuivent, moins violents, plus sporadiques. La fin n'est pas loin. « L'armée de libération », comme les insurgés se sont nommés, fond au soleil. Le 19 septembre, l'empereur Shah Bahadur est abandonné de tous. Sa première pensée est de mettre à l'abri sa famille. La nuit venue, il fait sortir par une poterne Zeenat Mahal, quelques-unes de ses femmes et ses fils. À l'aube, il part à son tour, accompagné de quelques fidèles.

Shah Bahadur se réfugie d'abord dans le lieu saint dit « Nizamuddin », qui existe toujours, où est enterré l'un des plus grands saints musulmans de l'Inde. Ce n'est pas si éloigné du Fort, en longeant le fleuve, Shah Bahadur y arrive certainement sans trop de difficultés. Il se rend directement sur le tombeau du saint, s'assoit et se met à pleurer. Alors que le haut dignitaire religieux qui garde le lieu de pèlerinage s'approche de lui, Shah Bahadur éclate en plaintes : « Ces malchanceux rebelles ont perdu. Ils n'ont ni charisme ni endurance, ils n'ont rien. Ces soldats n'ont fait que fuir. Mon frère, bien que je ne sois qu'un fakir à la retraite, dans mes veines coule le sang auguste qui m'aurait permis de continuer à me battre. Mes ancêtres ont connu des jours pires et n'ont jamais perdu courage. J'ai vu de mes yeux la fin tragique de notre gloire. Désormais, il ne reste pas l'ombre d'un doute. Je suis le dernier de l'illustre maison commencée par Tamerlan. La lampe de l'Empire moghol s'éteint, il ne lui reste que quelques heures. Le pays appartient à Dieu, il peut le donner à qui il veut. »

Après ce discours, Shah Bahadur, avec une fermeté étonnante pour son âge et pour l'épreuve qu'il vient de subir, confie au gardien une boîte qu'il a emportée. Les Anglais peuvent bien piller ses diamants et ses émeraudes, mais certainement pas ce qui a appartenu au Prophète : cette boîte contient en effet quelques poils de la barbe de Mahomet, relique transmise dans la maison de Tamerlan depuis le XIVe siècle. Aussitôt après avoir mis à l'abri la relique, Shah Bahadur se sent soulagé. Après s'être nourri, il prend congé et reprend sa marche.

Il a décidé de se réfugier dans la tombe de son ancêtre le Grand Moghol Humayun. La distance n'est pas courte, mais en évitant les points chauds de la ville où les derniers combats ont lieu, et probablement en continuant à longer le fleuve, il y parvient. Il pénètre dans ce parc somptueux où règnent la paix, les fleurs, les oiseaux, voit le dôme du magnifique monument, et retrouve Zeenat Mahal et les siens. Qu'escomptait Shah Bahadur en se réfugiant à l'ombre de son glorieux ancêtre ? Il ne doutait pas un instant que les Anglais le trouveraient.

La tombe de Humayun est probablement mon monument préféré de Delhi. Je le visite chaque fois en pensant à cette nuit dramatique qu'y passa Shah Bahadur avec la conscience d'avoir tout perdu, lançant ce long cri d'amour et de tristesse pour l'Inde et son avenir. Je le sens aller et venir sous les voûtes sereines.

Très vite, les Anglais retrouvèrent sa piste. Le major Hodson fit irruption dans le monument et arrêta tous ceux qui s'y trouvaient. Il prit deux des fils de Shah Bahadur et un de ses petits-fils, et les fit fusiller sur l'heure. Puis il mit solennellement aux arrêts l'ancien Grand Moghol.

Les Anglais gagnaient sur tous les fronts. Cawnpore était reprise et Nânâ Sâhib avait disparu. Jhansi fut attaquée, la rani organisa la défense avec une détermination et un génie militaire difficiles à soupçonner chez cette jeune femme de vingt-cinq ans à peine. Elle se battit elle-même, tenant les rênes de son cheval entre ses dents et, armée de deux revolvers, tirant sur les Anglais. Ils la poursuivirent jusqu'à la ville voisine de Gwalior. Dans une bataille où elle montra tout son héroïsme, elle fut tuée.

À Lucknow, il fallut l'intervention du maharadjah du Népal pour obtenir la victoire. Son arrivée, suivi de ses éléphants, marqua la fin des rebelles. La Bégum Hazrat Mahal disparut comme Nânâ Sâhib. Les Anglais avaient repris la ville. Il y avait tant à piller qu'on retrouva des émeraudes dans la poussière des rues, que les soldats anglais ne se donnaient même plus la peine de ramasser. L'un d'entre eux, chargé d'inspecter les souterrains du palais, y descendit avec une bougie. Il fut surpris de s'enfoncer dans du sable. Plus il avançait, plus le niveau de sable s'élevait, jusqu'à ce qu'il en ait presque jusqu'aux genoux et puisse à peine avancer. Alors il se pencha, et constata avec erreur que ce qu'il avait pris pour du sable était en fait de la poudre à canon. Si sa bougie était tombée, la ville entière aurait sauté.

Shah Bahadur s'était rendu au major Hodson à la condition qu'il lui garantisse la vie sauve. Le major avait accepté, ce qui n'empêcha pas l'ancien Grand Moghol d'être jugé par un tribunal anglais. On l'accusa des crimes de la rébellion, ce dont il se défendit à peine.

Son ancien Premier ministre et médecin personnel plaida d'abord sa cause et argua que le Grand Moghol s'était rendu de lui-même aux Anglais. Puis, soudain, le fidèle d'entre les fidèles trahit son maître et apporta toutes les preuves de sa culpabilité, vraies et fausses. Les Anglais l'avaient acheté. Shah Bahadur fut condamné à l'exil à Rangoon, en Birmanie. Avec Zeenat Mahal, quelques-unes de ses femmes et plusieurs de ses enfants survivants, il commença son long voyage dans des chariots escortés par des soldats.

Depuis le moment où il avait été arrêté, Shah Bahadur s'était attendu au pire. Le pire avait bien eu lieu. Les Anglais avaient fusillé sous ses yeux ses fils, dont son préféré, et ses petits-fils. Ils l'avaient arrêté comme un vulgaire voleur et traîné en jugement. Mais qu'était tout cela, se disait-il, comparé au massacre de ses compatriotes ? C'est à eux qu'il pensait. C'est pour eux qu'il priait nuit et jour. Cependant, il regretta qu'on l'exilât, il aurait voulu rester en Inde, même prisonnier. Par un raffinement de cruauté, les Anglais l'expédiaient en Birmanie.

La répression anglaise s'abattit sur l'Inde avec une férocité inimaginable. Les rebelles avaient tué peut-être quelques centaines d'Anglais, ceux-ci tuèrent des dizaines de milliers de rebelles. Le grand poète Ghalib décrit jour par jour ces scènes de vengeance dans son journal. Il fut lui-même arrêté, et lorsque l'officier anglais lui demanda s'il était musulman, il répondit :

« À moitié seulement.

– Qu'entends-tu par là ?

– Je bois du vin, mais je ne mange pas de porc. »

L'officier, bien qu'amusé, le condamna tout de même à mort. Ghalib tira alors de sa poche la lettre que la reine Victoria lui avait envoyée en remerciement d'un poème qu'il lui avait adressé, et ainsi, il eut la vie sauve.

Les Anglais inventèrent un supplice spécifique pour empêcher les hindouistes d'aller au paradis. En effet, selon la religion hindouiste, pour qu'un mort puisse accéder au paradis, il fallait que son cadavre soit brûlé. Les Anglais avaient donc entrepris de les attacher un par un à la bouche d'un canon, et de tirer un boulet qui pulvérisait chaque corps. Les morts n'étaient pas brûlés, le paradis leur était interdit. Ainsi, les Anglais voulaient s'assurer que les Indiens n'entreprennent plus jamais à se révolter. Il fallut attendre Gandhi pour que les Indiens songent à nouveau à l'émancipation.

On rechercha longtemps Nânâ Sâhib. Chaque année, on télégraphiait d'un poste quelconque de l'Inde qu'on l'avait retrouvé. Les Anglais se précipitaient, enquêtaient, mais ce n'était jamais lui. Au vingtième Nânâ Sâhib, Delhi répondit l'équivalent de : « On s'en fiche, remettez-le en liberté. » Quant à Hazrat Mahal, elle aussi avait disparu.

Le mystère persista jusqu'à il y a environ vingt ans, lorsqu'apparut en vente aux enchères à Londres un magnifique diamant rose dont la notice racontait que c'était un cadeau de la Bégum Hazrat Mahal, reine d'Oudh, au maharadjah du Népal. Le maharadjah, tout en aidant les Anglais à reprendre Lucknow, avait donc sans doute exfiltré la chef de la rébellion et l'avait accueillie au Népal. Celle-ci, reconnaissante, lui avait offert le dernier joyau qu'elle avait pu sauver.

En exil, Shah Bahadur et son triste cortège avaient atteint Rangoon. On les logea dans une maison mal tenue, presque en ruine. Shah Bahadur était devenu la curiosité des Anglais. Un officier qui eut la permission de lui rendre visite un jour le trouva couché sur un lit de camp, avec pour le couvrir une misérable couverture maculée de taches. Apercevant son hôte, Shah Bahadur tenta de se lever. Il montra ses bras mangés par les insectes et, d'une voix à peine audible, avoua qu'il n'avait pas assez à manger ni à boire. Il était abominablement traité, non par la torture ou les coups, mais par des humiliations et des mesquineries constantes. Les Anglais avaient voulu la déchéance du Grand Moghol, et ils l'avaient obtenue.

Seule la foi le soutenait encore, et il trouvait toujours de la consolation dans le soufisme, tâchant de se conformer à ses préceptes pour ne vivre de rien. Il survécut ainsi quatre ans, en ressassant parfois son passé. Il avait aimé les femmes, le vin, la musique. Il avait aimé la poésie et la méditation. Il pleurait à présent sur l'Inde, sur sa famille, sur lui-même.

En octobre 1862, à l'âge de quatre-vingt-sept ans, il tomba malade. Sa condition se détériora rapidement, et il dut bientôt être nourri à la cuillère. Le commissaire anglais, alors que le Grand Moghol vivait encore, commanda des briques et du mortier avec l'idée d'élever une muraille autour de sa future tombe pour éviter qu'elle ne devienne un lieu de pèlerinage.

Shah Bahadur, dans ses derniers jours, avait encore écrit un poème :

« Mon cœur n'a pas de repos dans cette misérable contrée

Mon cœur qui n'a jamais été complet dans ce monde futile

Le rossignol ne se plaint
Ni de la sentinelle ni du chasseur
Le destin a décrété d'emprisonnement
Lors de la récolte de printemps...
J'avais demandé une vie longue, j'ai reçu quatre jours
Deux se sont passés en désir, deux en attente
Les jours de la vie sont passés
Le soir tombe
Je dormirai mais mes jambes étendues dans ma tombe. »

Le 7 novembre 1862 à cinq heures du matin, le dernier Grand Moghol mourut en pensant à l'Inde et en priant Dieu. Il fut enterré le même jour, dans la tombe que l'Anglais avait préparée non loin du Shwedagon, le *stupa* bouddhiste le plus célèbre du pays. Le commissaire avait si bien fait les choses que la tombe fut effectivement ignorée pendant plus de cent ans. En 1991, elle fut découverte par hasard, puis, quelques années plus tard, il fut décidé d'enterrer enfin dignement le souverain ainsi que Zeenat Mahal. À mon avis, il aurait été préférable de le laisser dans sa tombe cachée : celle-ci aurait mieux exprimé la fin terrible du dernier descendant d'une fabuleuse dynastie, mort abandonné de tous.

LES TROIS IDOLES FÊLÉES

(de 1837 à 1898)

Il y a la mère, il y a le fils, il y a le cousin. Tous trois sont beaux, intelligents, excentriques. Chacun eut une vie compliquée, peu heureuse. Ils sont célèbres pour leurs destins tragiques. Ils sont même devenus des icônes pour des milliers d'admirateurs, et quantité de livres, de documentaires et de films leur furent consacrés.

La mère, c'est Élisabeth, duchesse en Bavière, impératrice d'Autriche et reine de Hongrie (1837-1898). Le fils, c'est l'archiduc Rodolphe, prince héritier de l'Empire austro-hongrois (1858-1889). Le cousin, c'est Ludwig, Louis II, roi de Bavière (1845-1886).

Adolescent, j'étais amoureux de l'impératrice Élisabeth. Elle était mon personnage historique préféré. Louis II me passionnait, Rodolphe m'intriguait. Je lisais fiévreusement les ouvrages anciens et récents parus sur eux. J'étais un fidèle fanatique. Pour moi, aucun de mes trois héros ne pouvait avoir mal agi ou s'être trompé, et ils avaient été victimes de l'étroitesse d'esprit, de la cruauté et de l'incompréhension des hommes alors qu'ils se consumaient pour un idéal magnifique.

Puis le temps passa, et je me plongeai dans mon travail d'historien, tâchant d'atteindre la vérité par l'objectivité. Mon enthousiasme pour ces trois personnages s'écroula lorsque je découvris que tous trois étaient en réalité narcissiques, névrosés et égoïstes. Depuis, au fil du temps, ma déception s'est adoucie et j'ai redécouvert leurs côtés positifs.

Élisabeth d'abord. Elle fut malheureuse parce que mal mariée. Son mari, l'empereur François-Joseph, était un bureaucrate étroit d'esprit, souvent cruel, sans imagination, un conservateur inflexible marqué par la révolution qui avait accompagné les débuts de son règne. Il ne comprenait pas sa femme, qui rêvait d'évasion, même s'il en était authentiquement amoureux. Elle avait de la considération pour lui, elle le respectait, mais je ne pense pas qu'elle l'aimait. A-t-elle jamais été amoureuse ? On lui prête des liaisons avec le comte Andrássy, grand seigneur hongrois, ou encore avec un milord anglais. En fait, il semblerait qu'elle n'ait réellement aimé que ses chevaux et ses chiens.

Élisabeth était peu conventionnelle. Elle aimait les poètes, les artistes, et par-dessus tout la solitude. Elle étouffait à la cour d'Autriche, ne rêvait que de voyages et ne s'en privait pas. Des mois entiers, elle abandonnait Vienne et ses palais pour parcourir les mers à bord de son yacht et visiter des lieux plus exotiques : Madère, l'Algérie, la Grèce… Elle s'était fait bâtir une villa à Corfou, l'Achilleion, témoignage marquant du goût de l'époque. Elle l'avait entourée d'un parc somptueux. De ses terrasses, elle contemplait la Méditerranée.

Elle avait des cheveux magnifiques, dont l'entretien et la santé l'obsédaient. Chaque jour, elle les faisait brosser longuement par des caméristes qui devaient ramasser les cheveux tombés et les lui présenter sur un plateau d'argent. S'il y en avait beaucoup, la journée en était obscurcie.

Un jour, alors que mon grand-père, le roi Georges Ier de Grèce, résidait à Corfou, un pêcheur demanda à le voir. Mon grand-père le fit entrer. C'est ainsi qu'il raconte la conversation qui a suivi :

« Majesté, j'ai vu la Sainte Vierge.

– Ah bon ! Eh bien, décrivez-la-moi.

– Alors que je pêchais sur ma barque, j'ai vu approcher un grand bateau tout blanc. Il n'y avait personne à bord sauf sur le pont, une femme très grande, très droite, dont les cheveux tombaient jusqu'au sol. J'ai compris que c'était la mère de Dieu.

– Je suis navré de vous décevoir, ce n'est pas la mère de Dieu mais l'impératrice d'Autriche. »

Effectivement, une heure plus tard, Élisabeth se faisait annoncer chez le roi Georges.

Chaque jour, pendant des heures, elle marchait d'un pas rapide sur les routes et les sentiers de l'île. Elle avait décidé d'apprendre le grec et avait trouvé un professeur, Christomanos, qui lui apprenait la langue d'Homère tout en tâchant de la suivre, soufflant, suant, boitant alors qu'elle continuait sa course, insensible à l'état du malheureux. Elle était à la poursuite de ce genre d'idéal que l'on n'atteint jamais et dont la recherche soutient, anime et remplit une vie entière.

Élisabeth appartenait par la naissance à une branche de la maison de Bavière qui comptait pas mal d'excentriques, de princes et de princesses malheureux, marqués par le destin. Son unique fils,

Rodolphe de Habsbourg, archiduc héritier de l'empire, lui ressemblait. Il était beau et avait les mêmes yeux étirés que sa mère. Il détestait lui aussi les conventions et étouffait dans la rigueur que son père imposait en tout lieu.

Rodolphe se révoltait en particulier contre le conservatisme de la politique paternelle. L'archiduc rêvait de réformer, moderniser et libéraliser l'Empire austro-hongrois. Les cérémonies officielles l'ennuyaient, ses devoirs d'officier de l'armée impériale et royale ne l'intéressaient pas. Son père refusait de lui donner des responsabilités importantes car il n'avait pas confiance en lui. Ainsi condamné à l'oisiveté, il se jeta dans l'alcool, la drogue et les femmes. En revanche, il trouva compréhension et indulgence auprès de sa mère, qui savait qu'il était fait du même bois qu'elle.

Louis II, enfin, était le cousin germain de l'impératrice Élisabeth et son complice depuis des années. Tous les deux se comprenaient. Louis II avait succédé très tôt à son père, le roi Maximilien II de Bavière, et très vite, l'excentricité avait pris le pas chez lui. Il s'isolait, refusait d'apparaître à Munich, voyait à peine ses ministres et fuyait ses obligations. Il entama la construction de ses célèbres châteaux, dépensant sans hésiter des sommes colossales bien entendu issues des caisses de l'État. Ces châteaux, qui peuvent paraître à certains monstrueusement laids – l'un se réclame du style byzantino-médiéval, l'autre est une copie de Versailles, et le troisième, le plus petit, est un pastiche rococo – sont aujourd'hui devenus la première attraction de la Bavière.

Parmi les passions de Louis II figurait également Richard Wagner. Le roi était fou de sa musique, mais aussi du personnage. Wagner était un réprouvé, il ne gagnait pas d'argent, ses opéras n'avaient pas de succès et il en était aigri. Avec la soudaine passion de Louis II, la manne royale se déversa sur lui. Il en profitera éhontément, poussé par sa femme, la cynique Cosima, fille du délicieux Franz Liszt. Cette dernière se mit à calculer, mettre en scène, diriger son mari, tout en engrangeant l'argent de son succès. Louis II commanditait des opéras, les faisait monter à grands frais, et fit même bâtir l'opéra de Bayreuth, qui demeure de nos jours le temple de la musique wagnérienne. Les ministres protestaient : tout cela coûtait trop cher et ne servait à rien. Louis II haussait les épaules.

Avec l'intention de faire son devoir et d'engendrer un héritier, il se fiance à la sœur de l'impératrice Élisabeth, la duchesse Sophie en Bavière, mais rompt ensuite les fiançailles – à la grande colère d'Élisabeth, qui, pour un temps, s'éloigne de lui. Mais Louis II n'est pas fait pour le mariage. Son homosexualité le torture. Il a des amants, beaucoup de soldats selon les rapports du ministre de la Guerre, des valets de chambre, parfois un acteur ou un prince. Son journal exprime sa honte d'aimer les hommes et de céder à ce désir.

Il continua à dépenser des sommes extravagantes et à négliger ses devoirs de chef d'État, s'enfermant dans ses châteaux oniriques. Le gouvernement bavarois s'insurgea. Il fut décidé de le détrôner pour installer une régence sous le contrôle de son oncle, le prince Luitpold. Les représentants du gouvernement arrivèrent par une nuit pluvieuse au château de Neuschwanstein, pour arrêter le roi. Il fut défendu par ses serviteurs et par les habitants de la région. Les politiciens durent faire machine arrière et rentrèrent bredouilles.

Mais Louis II savait que c'était sa fin. Les politiciens revinrent, cette fois-ci en force. Ils réussirent à mettre la main sur le roi et l'emmenèrent dans un château voisin, celui de Berg, domaine de la Couronne où ils l'enfermèrent avec un aliéniste, le docteur von Gudden.

Louis II, toute sa vie, poursuivit un idéal de liberté, d'indépendance et de beauté. Dans ses moments de folie, il incarnait les grands personnages de l'histoire. Fanatique de solitude, il faisait représenter les opéras de Wagner pour lui seul, trônant dans la loge royale de l'opéra de Munich. Par les nuits glacées de l'hiver, il se promenait dans un carrosse transformé en traîneau, trop doré, surchargé d'angelots, surmonté d'énormes couronnes royales et précédé de valets portant des torches. Silencieusement, il glissait sur les routes verglacées. Il se promenait dans une barque en forme de coquille sur le lac de la grotte artificielle qu'il avait créée.

Comme sa cousine l'impératrice Élisabeth, comme Rodolphe son petit-cousin, il poursuivait un rêve inaccessible. Son originalité confinait à la folie, dans laquelle son frère Othon avait, lui, complètement sombré. Louis II reprochait d'ailleurs à sa mère d'avoir semé la folie des Hohenzollern dans sa famille, et la détestait pour cela.

De son côté, Rodolphe avait des idées sur ce qui était nécessaire à l'empire. Lorsqu'il essaya d'en faire part à son père, celui-ci ne l'écouta pas et lui fit comprendre qu'il était inutile de récidiver. Il n'en fut pas pour autant totalement découragé. Il essaya de parler aux ministres, aux conseillers, mais aucun ne voulut le suivre.

Il souhaitait notamment un empire plus libéral et plus d'autonomie pour les royaumes qui le composaient. Il voulait encourager la variété des cultures, des langues et des religions, car l'empire comprenait beaucoup de sujets protestants et orthodoxes. Rodolphe sentait que l'on s'apprêtait à entrer dans une nouvelle époque, et que l'empire tel qu'il était gouverné ne pouvait aller que vers sa décomposition. S'il en avait eu la possibilité, il aurait certainement su assurer l'avenir de cet empire qui, trente ans après sa mort, disparaîtrait finalement. Mais personne ne l'écouta.

Quant à l'impératrice Élisabeth, elle chercha également à ouvrir les yeux de son mari. Elle voulait notamment qu'il soit plus indulgent envers les Hongrois, pour lesquels elle avait une grande affection. Rien n'y fit. L'empereur aimait pourtant sa femme, mais il ne l'écoutait pas.

La belle-mère d'Élisabeth, l'archiduchesse Sophie, qui était aussi sa tante, la détestait. Elle la trouvait irresponsable et capricieuse, et ses reproches finissaient par agir sur le jugement de l'empereur. Malgré son amour pour Élisabeth, il ne la défendit jamais, même lorsque sa mère l'archiduchesse enleva leurs enfants pour les élever à sa façon.

Élisabeth pouvait être considérée à de nombreux égards comme une femme moderne. Elle suivait un régime sévère auquel s'astreignent nombre de nos contemporaines. Elle se maintenait en forme par des exercices physiques, aux haltères, à la barre, et n'hésitait pas, lorsqu'elle avait peu de temps ou qu'elle risquait d'être en retard pour une cérémonie officielle, à faire des cabrioles en robe du soir et coiffée de son diadème. Ses longues marches et son amour du grand air figurent aujourd'hui parmi les recettes les plus courantes pour conserver une bonne santé. Son refus des conventions, sa haine du protocole et de la raideur des cérémonies officielles en ont fait une précurseure des goûts modernes. À sa façon, elle luttait pour la libération de la femme.

Quant au roi Louis II, il a « inventé » Wagner, à l'époque où celui-ci n'avait aucun moyen et n'était pas reconnu. Que serait devenu le compositeur, sans un mécène aussi compréhensif et visionnaire ?

Bien qu'il négligeât ses ministres, Louis II était d'une extraordinaire intelligence politique. C'est ce que m'expliqua, un matin d'automne, dans la cour du château de Neuschwanstein, l'actuel duc de Bavière, Franz, arrière-arrière-petit-fils du régent Luitpold qui avait renversé Louis II. Le duc actuel admire le roi. Il m'expliqua que ce dernier suivait les événements de l'empire de près, se tenait au courant de tout, avait des opinions très nettes et, à son avis, brillantes. Contre la presque totalité des princes allemands, ses confrères, il était opposé à l'hégémonie de la Prusse et à la formation d'un empire allemand. Il refusa d'apparaître à Versailles pour la création de cet empire et fut un adversaire tenace de Bismarck. Celui-ci, contre toute attente, et bien qu'il eût truffé son entourage d'espions dont certains étaient les beaux valets de pied qui partageaient à l'occasion la couche royale, il tenait

Louis II en profonde estime et désapprouva fortement son détrônement.

Le sort voulut que ces personnages connaissent tous trois une fin tragique. L'impératrice Élisabeth avait dépassé les soixante ans, elle était toujours mince, élégante, belle. On murmurait qu'elle ne souriait jamais et cachait sa bouche avec un éventail afin de dissimuler sa mauvaise dentition, ce qui ne l'empêchait pas de continuer à séduire.

Elle se trouvait alors en visite privée à Genève. À l'époque, une tante de ma tante, la comtesse de Paris, habitait une villa entourée d'un vaste jardin. Elle avait engagé pour la saison un jeune jardinier italien, Luigi Lucheni. Un jour, sans qu'il le sût, elle le surprit en train de couper les roses pour le simple plaisir de les détruire. Horrifiée par ce geste, elle le chassa incontinent puis, à déjeuner, raconta l'histoire à sa famille en ces mots : « Cet homme est de la mauvaise graine. Il y a en lui un assassin. »

En fait, Luigi Lucheni était un anarchiste qui cherchait une royauté à tuer, quelle qu'elle soit. Il était venu à Genève parce que les journaux avaient annoncé la venue dans cette ville de mon grand-oncle Philippe, le duc d'Orléans, mais il ne le trouva pas. En revanche il apprit, toujours par les journaux, que l'impératrice d'Autriche séjournait en ville.

Ce jour-là, Élisabeth se rendait chez son amie la baronne de Rothschild. Sur le quai du navire à vapeur qui traversait le lac Léman, un inconnu s'approcha d'elle et lui donna un coup de poing en pleine poitrine, puis s'enfuit. L'impératrice continua à marcher comme si de rien n'était, monta sur le navire et s'affaissa. Affolée, sa dame d'honneur se pencha sur elle et déboutonna sa veste. Il n'y avait qu'une simple goutte de sang sur son chemisier blanc. Luigi Lucheni l'avait poignardée avec une lame très fine qui lui avait percé le cœur. L'impératrice mourut.

L'été précédent, Élisabeth était venue comme d'habitude dans sa villa de Corfou. Elle avait raconté à mon père que, possédant un collier dont les perles se mouraient, elle avait décidé de les raviver grâce à l'eau de mer. Aussi avait-elle déposé le joyau dans une anfractuosité du rocher, en contrebas de sa villa. Elle comptait le reprendre l'été suivant. Peut-être les perles de l'impératrice se trouvent-elles toujours là où elle les a déposées, dans la mer de Grèce.

Le roi Louis II, depuis qu'il avait été mis aux arrêts dans son château de Berg, manifestait le plus grand calme et la plus parfaite soumission. Il n'exigeait rien, ne demandait rien et se soumettait aux instructions de son aliéniste, le docteur von Gudden. Peu après son internement, lorsqu'il décida, un soir pluvieux, de se promener dans le parc, l'aliéniste l'accompagna mais refusa toute protection, déclarant qu'il n'en avait pas besoin. Les deux hommes s'éloignèrent dans le crépuscule et ne rentrèrent pas. Au château, on commença à s'inquiéter puis à s'affoler. On partit à leur recherche.

On ne fut pas long à les retrouver : leurs cadavres baignaient dans l'eau peu profonde du lac. Que s'était-il passé ? On trouva des marques de strangulation sur le cou du docteur. Quant au roi, il fut prouvé qu'il n'était pas mort noyé, mais d'un arrêt cardiaque. On supposa qu'il avait étranglé le médecin, mais comment aurait-il pu envisager de s'échapper ? À la nage jusqu'à l'autre rive du lac, c'était impensable. Il était bien entraîné à ce sport, mais avait beaucoup grossi et sa santé était mauvaise. On murmurait que sa cousine Élisabeth l'attendait sur l'autre rive… Le mystère demeure. On peut cependant supposer que, malgré sa soumission apparente, Louis II avait tout fait pour retrouver sa liberté, jusqu'à devenir un assassin.

Quant à l'archiduc Rodolphe, nombreux sont ceux qui connaissent sa fin à Mayerling. Il était parti chasser pendant quelques jours dans ce pavillon isolé avec sa dernière maîtresse en date, la très jeune Marie Vetsera, qui était à moitié grecque par sa mère. Il avait également invité pour la chasse le comte Joseph Hoyos et son beau-frère, le prince Philippe de Saxe-Cobourg.

Selon la version romantique de l'histoire, puisqu'ils ne pouvaient se marier, l'empereur interdisant la poursuite de leur relation, les amants contrariés avaient fait un pacte d'amour et de mort. L'archiduc avait tué d'un coup de revolver sa maîtresse, puis s'était suicidé.

La lettre d'adieu de Marie Vetsera à sa mère a été récemment trouvée dans un coffre-fort oublié en Suisse. Elle entérine cette version officielle du double suicide par amour. L'écriture a été analysée, on ne peut douter qu'elle soit de la main de la jeune femme. Cette version romanesque qui fait l'objet de tant de films et de romans semble donc confirmée par cette trouvaille, mais il subsiste pourtant un doute.

Il est en effet possible que l'archiduc se soit suicidé parce que son père François-Joseph avait appris qu'il participait à des complots politiques contre lui. La dernière princesse de Metternich, née princesse Tatiana Vassiltchikov, que j'ai bien connue et qui m'a raconté beaucoup de choses, avait interrogé les descendants des personnages mêlés à l'affaire de Mayerling. Elle avait en particulier recueilli le témoignage de l'archiduchesse Marie-Thérèse, qui remplaçait l'impératrice lors des absences de cette dernière.

L'archiduchesse affirmait que la dernière entrevue entre François-Joseph et Rodolphe s'était déroulée le mieux du monde. Pourtant, tous les historiens s'accordent à décrire une scène dramatique, ponctuée de cris de rage et de claquements de porte. Selon la princesse – et elle était certaine de ce fait, puisque c'était elle qui avait servi le thé aux deux hommes –, François-Joseph serait sorti de son bureau en prenant son fils par les épaules dans une sorte d'accolade, geste d'affection qu'il n'avait jamais eu pour lui.

La princesse de Metternich, après des recoupements, était donc convaincue que, lors de cette entrevue, Rodolphe avait exprimé à son père son regret de s'être laissé embarquer dans la conjuration hongroise, et que François-Joseph l'avait reçu comme le fils prodigue. Mais peut-être Rodolphe était-il beaucoup plus embourbé dans la conjuration que son père ne le croyait. Ayant trahi ses camarades de conspiration, il aurait alors compris qu'il n'y avait d'autre issue que le suicide. Il avait donc écrit des lettres annonçant qu'il allait se tuer, puis il était parti à Mayerling avec Marie Vetsera. Celle-ci, toujours amoureuse de lui, avait insisté pour le suivre.

Toujours selon la princesse de Metternich, une fois à Mayerling, Rodolphe aurait en fait hésité devant le suicide. Malgré les conclusions des historiens, les deux amis de l'archiduc, le prince de Saxe-Cobourg et le comte

Hoyos, n'auraient pas participé au dernier dîner, au cours duquel il y avait eu beaucoup de vaisselle cassée.

Lorsqu'on avait ramené le cadavre de Rodolphe à Vienne, l'archiduchesse Marie-Thérèse avait été chargée de le préparer. Elle affirmait que dans les gants blancs qu'on avait passés au cadavre, il n'y avait pas des doigts mais du carton. En effet, les doigts de Rodolphe auraient été sectionnés, probablement durant une lutte au cours de laquelle il aurait dû se défendre. Poussée par la curiosité, l'archiduchesse avait couru à Mayerling. Dans la pièce du dîner, elle avait vu les meubles brisés. Une table en particulier avait été fendue, celle qu'avait dû brandir Rodolphe pour se défendre contre ses assaillants. Quant au cadavre de Marie Vetsera, on l'avait trouvé dans un panier à linge et la blessure mortelle lui avait été infligée non à la tempe, comme tout le monde l'affirmait, mais en haut du crâne. Ce détail avait été confirmé par les armées soviétiques, qui, occupant l'Autriche à la fin de la Seconde Guerre mondiale, avaient déterré le cadavre et l'avaient examiné.

Selon la princesse de Metternich, Rodolphe avait donc reçu à dîner ses amis conspirateurs. Il leur avait annoncé qu'il retirait son épingle du jeu. Ceux-ci, comprenant qu'il les trahissait, lui avaient probablement proposé un duel, qu'il avait refusé. Alors, ils avaient attaqué. Rodolphe avait tâché de se défendre, peut-être avec la table, d'où les doigts coupés. Les conspirateurs l'avaient tué. Cependant, il y avait un témoin, la jeune fille, qui s'était probablement cachée dans le panier à linge. Alors, d'un coup de revolver sur le haut du crâne, on l'avait supprimée.

Tatiana de Metternich, comme moi, était persuadée que jamais le Vatican n'aurait autorisé des funérailles religieuses pour un suicidé. Elle tenait de la famille de l'ambassadeur d'Autriche au Vatican, le prince de Schwarzenberg, qu'il avait passé une nuit entière à déchiffrer le télégramme codé envoyé par François-Joseph au pape pour lui raconter toute la vérité.

Ce document a depuis disparu des archives vaticanes. De plus, tous ceux qui, de près ou de loin, ont été mêlés à l'affaire ont, selon Tatiana, disparu ou ont été payés grassement. Par exemple, jusqu'en 1925, le gouvernement républicain autrichien payait une pension à un ancien aide de camp de Rodolphe qui habitait Constantinople, où il avait été invité à s'expatrier.

Sans doute l'admiration qu'Élisabeth, Rodolphe et Louis II suscitèrent est-elle exagérée, mais on peut dire qu'ils ne cherchèrent jamais à être adulés. Comme tous les êtres humains, chacun d'entre eux aimait séduire, mais ce n'était là pas le fond de leur désir. J'ai moi-même longtemps cru qu'ils ne pensaient qu'à eux-mêmes. Ce n'est pas tout à fait exact, car ils ont tenté d'agir au mieux, mais en ont été empêchés.

MARIE LAVEAU

La reine noire de La Nouvelle-Orléans

(1801-1881)

Un beau jour, j'appris sur mon ancêtre Louis-Philippe une anecdote qui m'enchanta. Alors qu'il était exilé pendant la Révolution et voyageait aux États-Unis, il était allé consulter Marie Laveau, une célèbre prêtresse vaudoue qui lisait l'avenir pour une clientèle choisie à La Nouvelle-Orléans. Louis-Philippe et elle étaient devenus amants. Bien plus tard, après son retour en France, Louis-Philippe fit envoyer à Marie deux somptueux vases de porcelaine de Sèvres qui ornent toujours sa demeure devenue un musée.

Je savais que Louis-Philippe avait eu des aventures inouïes, mais de là à devenir l'amant d'une prêtresse vaudoue ! Je vérifiai les dates. Elles ne correspondaient pas : lors du séjour de Louis-Philippe à La Nouvelle-Orléans, Marie Laveau n'avait que cinq ans. Mon ancêtre avait en fait consulté la grand-mère de Marie Laveau, Catherine. Il n'était pas un habitué de la voyance, mais il était exilé, désespéré et avait tout perdu : sa fortune et son avenir. Alors une voyante, pourquoi pas ! Que ce soit la grand-mère ou la petite-fille, je garde en mémoire l'association si plaisante à mes yeux de Louis-Philippe Ier, roi des Français, et de Marie Laveau, la reine du vaudou.

Marie Laveau naît à La Nouvelle-Orléans en 1801. Originaire d'Afrique, sa grand-mère, Catherine Henry, est une ancienne esclave qui joue un grand rôle dans son éducation. Marie a aussi du sang français, comme son patronyme l'indique. Elle n'est pas illettrée, pas cultivée non plus. Elle lit, écrit. Elle est surtout étonnamment intelligente, elle observe, comprend et devine tout. Elle est très belle et a beaucoup d'allure, et sa démarche est celle d'une souveraine.

Sa grand-mère s'occupe d'elle plus que ses parents, et l'introduit aux traditions d'origine africaine dont elle a hérité. Marie a dix-huit ans lorsqu'elle rencontre Jacques Paris. C'est un Noir originaire d'Haïti qui, lors des sanglantes révoltes contre les Français, s'est enfui de l'île avec d'anciens esclaves ou descendants d'esclaves. Ils se sont installés à La Nouvelle-Orléans et ont formé une communauté, apportant avec eux les traditions d'Haïti.

Marie Laveau épouse donc Jacques Paris, mais au bout de quelques années, il disparaît. Elle avait eu de lui deux filles, que ses parents élevaient car elle était déjà très occupée. Elle était en effet devenue coiffeuse. Elle avait du talent pour les cheveux et un charisme indiscutable. Les clientes affluaient et, bientôt, elle reçut les dames les plus huppées de la ville. Elle savait y faire pour garder sa clientèle et développa un extraordinaire sens des affaires. Elle finit par gagner beaucoup d'argent et se mêler subrepticement de la vie de ces dames. Elle leur posait des questions, s'enquérait de leurs décisions dans tous les domaines, puis se mit à leur donner des conseils, mais aussi à prédire l'avenir sans tirer les cartes, sans faire d'oracles, l'air de rien.

Ainsi entra-t-elle dans la voyance par la petite porte de son salon de coiffure. Comme elle tombait souvent juste dans ses prédictions et que ses avis donnaient de bons résultats, sa réputation grandit. Ces dames se répétèrent que Marie était remarquable, qu'elle avait réponse à tout et qu'elle trouvait des solutions aux situations les plus désespérées. Marie coiffa de moins en moins et prédit de plus en plus. Ce qui était une occupation secondaire devint un métier. Elle avait simplement découvert qu'elle avait un don : elle pouvait voir à travers les nuages du présent et les ténèbres de l'avenir. Elle pénétrait dans l'âme des êtres pour leur bien, tout en sachant qu'elle était en mesure de le faire aussi pour le mal.

Elle était née avec ce don et avait grandi sans en prendre conscience. Elle le devait à sa grand-mère Catherine, qui le considérait comme un cadeau de Dieu et le lui avait transmis. Chaque être auquel ce don est accordé aurait la capacité de descendre en lui-même, de mesurer ses capacités et d'en user pour le bien et le progrès des autres. C'est ce que Marie essaya de faire toute sa vie durant, pensant au bien, à autrui et à Dieu. Cela l'aida à se perfectionner.

Marie n'était pas pour autant une nonne, ni une ermite, ni une sainte. Son don ne l'empêchait pas d'aimer la vie, les hommes, le vin, la danse et la musique. Comme elle avait décidé de se mettre au service des autres, elle s'appuya sur la foi et des pratiques traditionnelles, celles du vaudou.

Mais qu'est-ce que le vaudou ? Mon ami Degenhart, devenu un grand expert en la matière, m'a énormément éclairé sur le sujet si mal connu du vaudou. Ce n'est pas, comme on le croit parfois, une sorcière dans une casemate puante, qui trucide les poulets et asperge les assistants de leur sang, entre en transe et se trouve prise de convulsions.

D'origine africaine, le vaudou est une religion sophistiquée, mais dont la réputation fut défigurée et salie par l'Église catholique, qui luttait contre son extension trop rapide à son goût. L'Église avait vu juste à ce sujet : de nos jours, le vaudou est la religion qui s'étend le plus en Afrique. Sa mission principale est de faire du bien aux humains, de les guérir, de les consoler et de les éclairer. Comme toute religion, il peut aussi servir le mal par la sorcellerie, les envoûtements ou les meurtres à distance. Pour le vaudou, le bien et le mal, la lumière et les ténèbres ne sont pas séparés. L'un est l'envers de l'autre. Lumière et ténèbres sont indissolublement liées.

Le vaudou ne requiert pas l'austérité, le renoncement ou l'abstinence, il leur préfère la mesure. Comme toutes les grandes religions, il est fondé sur l'amour d'autrui, y compris l'amour physique, inséparable selon le vaudou de l'amour sentimental. Par ailleurs, le vaudou est tolérant. Il accepte toutes les religions. La preuve en est que Marie Laveau, tout en devenant prêtresse vaudoue, resta une fervente catholique. Elle allait à la messe, priait dans les églises. Aux enseignements de Degenhart, j'ajouterai que le vaudou aime non pas le secret mais la discrétion. Ceux qui le pratiquent n'en parlent pas. Ils n'ont pas besoin de faire du prosélytisme, car les fidèles viennent à eux.

C'est son premier mari qui avait initié Marie au vaudou. La Nouvelle-Orléans était une ville ouverte aux pratiques occultes, ses habitants étaient maîtres dans ces domaines. Jacques Paris avait raconté à Marie ce qu'il savait, il lui avait ouvert des horizons inconnus et lui avait fait découvrir les traditions de sa terre d'origine.

Après la disparition de Jacques, Marie avait fait entrer un nouvel homme dans sa vie, Christophe Glapion. Il était d'origine française et noble. La loi interdisait les mariages entre Blancs et Noirs, mais elle permettait une sorte de Pacs qu'on appelait « plaçage », qui permettait à deux êtres de races différentes de vivre ensemble et de pouvoir hériter sans se marier. Comme pour tous les personnages qui ont entouré Marie Laveau, on ne sait à peu près rien de Christophe Glapion, sauf qu'elle l'a aimé et lui est restée fidèle. Il était un amoureux, mais surtout un ami, un complice, un confident et un soutien, car la possession d'un tel don a un pouvoir isolant.

Marie Laveau avait été conduite aux réunions du samedi au Congo Square par son premier mari, et elle y retourna régulièrement avec Christophe. Le Congo Square est une place ombragée de grands arbres, située hors des murs de la ville portuaire. C'était le lieu où s'était tenu le marché aux esclaves, qui y chantaient, exprimant leur souffrance et leur espoir. Ce quartier devint un berceau de la musique afro-américaine. La révolution haïtienne, avec l'arrivée de nombreux Haïtiens, donna un nouvel essor aux arts noirs qui se produisaient à Congo Square. On y voyait des danses de style africain, on entendait de la musique comme les bamboulas et les lamentations des banjos. Des centaines d'esclaves venaient y chanter et danser en toute liberté. On se mit alors à inventer des histoires sur ce lieu : on parla de femmes dévêtues, de danses lascives, d'orgies accompagnées de sacrifices d'animaux, tout cela pour tenter d'attaquer l'image du vaudou et des pratiques traditionnelles africaines.

La réputation de Marie s'étend, les clients se pressent à sa porte. Un jour, un homme désespéré vient la consulter. Il est loin d'être jeune et est tombé fou amoureux d'une très jeune fille qui ne veut même pas entendre parler de lui. Il est riche et ouvre largement sa bourse. Marie prend le tarif habituel, pas plus, elle ne vole jamais personne. Elle lui assure que la jeune fille l'épousera. Le père de la jeune fille presse quant à lui sa fille d'accepter ce parti juteux. Rien n'y fait. Chaque semaine, l'éconduit consulte Marie et chaque semaine, Marie lui conseille d'être patient. Elle refuse même son argent et demande à être payée quand l'affaire sera conclue. Un beau jour, l'amoureux reçoit un billet de la jeune fille qui lui donne rendez-vous. Il l'aborde en tremblant, lui demande la raison de ce revirement. La belle lui répond qu'elle accepte de l'épouser. Le vieux n'en croit pas ses oreilles. Sa fortune lui permet d'organiser un mariage somptueux. Pendant le bal, le marié n'étant plus en âge de danser, il regarde les couples évoluer, jusqu'à ce que sa femme le prie de se lancer avec elle sur la piste. Il refuse, il est fatigué, ce n'est plus de son âge. Elle insiste. Il cède, les voilà partis dans une valse endiablée. Au milieu de la danse, alors que les invités les regardent évoluer, le vieux s'écroule. Il est mort. La jeune mariée hérite de son immense fortune qui lui permettra bientôt d'épouser l'élu de son cœur. Marie avait promis au vieux qu'il épouserait sa bien-aimée, mais pas qu'il survivrait au mariage !

Son talent éclipse celui des autres prêtresses vaudoues, concurrentes potentielles. Marie n'a nul besoin de poisons, de meurtres ou de sorcellerie, elle est simplement la meilleure. Elle est devenue non pas la prêtresse mais la reine du vaudou, la souveraine de La Nouvelle-Orléans.

Un jour, elle reçoit un jeune homme accusé d'avoir violenté une jeune fille. Il va être arrêté et certainement condamné. Il la supplie de l'aider. « Rien ne vous arrivera, lui dit-elle, ayez confiance. » Le jeune homme rapporte ces propos à son père. Celui-ci est sceptique : « Je n'y crois pas, mais si elle réussit, je lui donne volontiers la maison que nous possédons rue Sainte-Anne. » Le jeune homme est finalement arrêté et emprisonné. Son angoisse ne cesse de grandir. Comment Marie pourrait-elle le tirer des griffes de la justice ? Il continue à nier : il est amoureux de la jeune fille, il ne l'a jamais violentée. Le voilà qui passe en jugement. On murmure que Marie, le matin même, a réussi à pénétrer dans le palais de justice et a glissé, à côté du siège du juge et sous le banc des jurés, deux pots remplis de ses concoctions. Le procès commence. L'accusation ne lésine pas et requiert plusieurs années de prison ferme contre le jeune homme. Son avocat le défend maladroitement. Les jurés se retirent. Le jeune homme, l'angoisse au cœur, attend leur décision. Lorsque les jurés reviennent, le juge leur demande :

« Êtes-vous arrivés à une décision ?

– Non coupable. »

Le juge se retourne vers le jeune homme : « Accusé, vous êtes libre. » Ce dernier ne peut pas croire à sa chance. Il court remercier Marie puis se précipite à l'église pour remercier Dieu. Il devint pieux, lui qui ne fréquentait jamais les lieux saints. Mais ce ne fut pas le seul miracle, car la jeune fille et lui se virent à nouveau et un jour, elle accepta de l'épouser. Le père du jeune homme tint sa promesse. Il offrit sa maison à Marie, qui s'y installa avec Christophe Glapion et leurs enfants.

Désormais, c'est là qu'elle vivra et recevra. Ceux qui la consultent sont fortement impressionnés quand ils la rencontrent pour la première fois. Marie est grande, fine, elle a des yeux sombres au regard perçant et est admirablement habillée dans des couleurs vives. Elle a une présence confondante. La maison est élégante et chargée de grigris. L'atmosphère est envahissante, magique. Grand Zombi, l'animal domestique de Marie, un serpent long de trois mètres, loge dans un vase d'albâtre. Toutes les religions sauf le christianisme ont donné une grande importance au serpent, considéré comme une créature bénéfique. Un serpent protégeait Bouddha. Des serpents pullulent dans l'hindouisme. Seul le christianisme en a fait l'incarnation du diable. Il n'est pas étonnant que Marie apprécie la compagnie de Grand Zombi, dont le nom rappelle le vaudou haïtien auquel elle s'affilie.

En dehors des réunions à Congo Square, Marie mène une vie tranquille. Elle fréquente l'église chaque dimanche. Elle est animée d'une profonde foi et se montre aimante et discrète, comme l'exige la véritable charité. Elle va dans les hôpitaux secourir les malades de la fièvre jaune. Elle se rend dans les prisons pour réconforter et aider des prisonniers. À l'apogée de ses succès, un grand chagrin vient pourtant la frapper. En 1865, Christophe Glapion tombe malade. Elle ne réussit pas à le sauver, car son heure est venue. Il meurt sans qu'on sache exactement pourquoi. Christophe lui a donné des enfants qui furent, tout comme ceux de Jacques Paris, le remords de sa vie. Bien sûr, elle veilla à leur bien-être, à leur éducation, mais ils n'avaient pas de place dans sa vie entièrement consacrée à servir son don. Elle tâcha d'entourer ses enfants de lumière, espérant qu'ils en profiteraient, eux et leurs descendants.

Après la mort de son second époux, la renommée de Marie continua de s'étendre au-delà des frontières. La légende noire aussi, alimentée par les jaloux. On l'admirait, on recherchait ses faveurs, mais elle faisait peur. On murmurait qu'elle vivait entourée de crocodiles, qu'elle usait de poison, qu'elle fabriquait des potions à base d'excréments d'animaux, de viscères de poulets et autres ingrédients dégoûtants. On racontait qu'elle était à tu et à toi avec le diable qui lui rendait visite.

Comme toujours, l'inconnu effraie. En réalité, ce don de sentir, de deviner et de comprendre serait tout à fait explicable. Nos connaissances ne sont simplement pas assez avancées pour y trouver une origine naturelle, mais chacun de nous le possède au fond de soi.

Jusqu'à la fin de sa vie, Marie Laveau parut jeune et belle. S'il y avait un miracle, ce serait celui de son apparence. Les années n'avaient pas de prise sur elle.

Sa recette de jouvence était simple : elle aimait vivre et aimer. Elle gardait son entrain et son intérêt pour tout, suivant l'enseignement de sa grand-mère Catherine qui lui répétait : « Aime la vie, aime l'amour, tu feras ainsi briller ton don et le rendras encore plus utile à autrui. »

En 1870, Marie Laveau a soixante-neuf ans. Elle ferme boutique. À partir de cette date, on ne sait plus rien d'elle. S'occupa-t-elle de ses enfants, de ses petits-enfants ? Elle continua certainement à faire le bien tout en pratiquant la foi chrétienne et la religion vaudoue. Elle mourut en 1881 et fut enterrée dans le beau cimetière de Saint-Louis à La Nouvelle-Orléans. Elle était morte, mais n'avait pour autant pas disparu. Très vite, on affirma que son fantôme apparaissait près de sa tombe. Des témoins qui se trouvaient la nuit dans le cimetière affirmèrent avoir vu des cérémonies vaudoues pratiquées par des fantômes, dont celui de Marie.

GUSTAVE III DE SUÈDE
Il ballo in maschera

(1746-1792)

Une nuit d'automne 1693, le roi Charles XI de Suède veille tard dans son cabinet du vieux palais royal de Stockholm. Il a gardé auprès de lui son chambellan, le comte de Brahé, et son médecin personnel, le docteur Baumgarten. Plusieurs fois, ses deux compagnons lui ont proposé d'aller se coucher. Il est trois heures du matin lorsque le roi se penche à la fenêtre. Soudain, de Brahé voit le roi se figer. Avec Baumgarten, ils le rejoignent à la fenêtre et s'arrêtent net. De l'autre côté de la cour, la salle des États apparaît brillamment illuminée au milieu de la nuit. Il s'agit pourtant du lieu où les représentants des diverses classes de la société suédoise se réunissent lorsque le roi les convoque, ce qui reste rare. Comment est-ce possible ? Il n'y a pas de ronde à cette heure-ci. Si c'était un début d'incendie, on verrait de la fumée. « Envoyons un valet », propose de Brahé. « Non, j'irai moi-même », tranche le roi.

Tous trois vont réveiller le concierge qui possède les clefs de la salle. Celui-ci accourt, tout ensommeillé, et ouvre la porte de la grande galerie qui permet d'accéder à la salle des États. Elle est entièrement tendue d'une étoffe noire inconnue. « Sire, il y a de la diablerie là-dedans, pour l'amour de Dieu, n'avancez pas », dit le concierge. Le roi tire sa robe de chambre à laquelle l'homme apeuré s'accroche : « Tu as peur, toi, un vétéran ! » maugrée-t-il. Du bruit provient de la salle dont la porte est encore close. De Brahé supplie également le roi : « Sire, n'avancez pas, pour l'amour de Dieu ! » Le roi arrache la clef de la main du concierge, la tourne dans la serrure et donne un coup de pied dans la porte.

La salle est comble. Sur les bancs tendus de noir, les députés des quatre ordres de la nation sont en grand deuil. Au fond, sur une estrade, un cadavre ensanglanté est couché. Il porte une couronne. Un jeune garçon se tient à ses côtés, qui porte également une couronne royale. Il est accompagné d'un homme en manteau bleu, qui lui aussi porte la couronne en or et pierreries des princes royaux. Au bas de l'estrade, derrière une table, se tiennent des hommes à la mine sévère, vraisemblablement des juges. Devant la table, une hache plantée dans un billot.

Les quatre hommes pétrifiés ne reconnaissent aucun député, alors qu'ils connaissent tous leurs visages. Ils ne comprennent pas un mot de ce qu'ils murmurent, ils semblent parler une langue étrangère. Des juges se lèvent lorsque trois jeunes gens, les mains attachées dans le dos, font leur entrée, la mine fière. Le premier s'avance, il semble indifférent. Il s'agenouille, pose la tête sur le billot. Le bourreau en uniforme de cuir lève sa hache et l'abat d'un coup. Un flot de sang jaillit, la tête roule jusqu'aux pieds du roi Charles XI. Celui-ci s'avance dans la salle et crie courageusement à l'adresse du prince debout sur l'estrade : « Si tu es

Dieu, parle, si tu es le diable laisse-nous en paix ! » Le prince, du haut de l'estrade, répond dans un chuchotement à peine audible : « Au cinquième règne, malheur, malheur, malheur, au sang des Vasa. » Vasa, le nom de la dynastie régnante.

Des centaines de flambeaux s'éteignent soudain, et la fantasmagorie se dissipe. Les quatre hommes – le roi, de Brahé, le docteur et le concierge – se retrouvent seuls dans la salle d'apparat à peine éclairée par la clarté nocturne. D'un pas rapide et silencieux, le roi retourne dans son cabinet. Le décor familier, la cheminée qui flambe, rassurent Baumgarten et de Brahé. Le roi s'assoit. En se penchant, il aperçoit des taches sur le bas de sa robe de chambre. C'est le sang qui a coulé de la tête coupée. « Nous n'avons pas rêvé », dit-il d'un air songeur. « Chacun de nous va écrire ce qu'il a vu. »

Les trois hommes se mettent à la tâche. Le silence règne pendant qu'ils grattent le papier. Ils s'arrêtent parfois pour se souvenir d'un détail, puis reprennent. Lorsqu'ils ont fini, le roi relit consciencieusement les dépositions. « C'est exact, vous avez écrit la vérité. Maintenant, signez ce procès-verbal. » Lui-même ajoute de sa haute écriture penchée : « Si ce que nous venons de relater n'est pas l'exacte vérité, je renonce à tout espoir d'une meilleure vie. *Carolus rex.* » « Et maintenant, allons nous coucher et tâchons de dormir, si nous y parvenons », conclut-il. Les procès-verbaux furent déposés aux archives royales, où ils se trouvent toujours.

Bien plus tard, en 1746, il naît au roi Adolphe-Frédéric de Suède, lointain successeur de Charles XI, un fils aîné et héritier prénommé Gustave. Le roi est falot, mais la reine est tout le contraire. Louise-Ulrique de Prusse, sœur de Frédéric II, est comme son frère, assoiffée d'autorité. Le petit Gustave aura une enfance malheureuse, affligé de cette mère abusive qui ne lui donnera aucune tendresse. Il en sera marqué à jamais. Il atteint ses vingt ans lorsqu'on le marie à la princesse Sophie-Madeleine de Danemark.

Son père le roi meurt en 1771. Le jeune homme a vingt-cinq ans et monte sur le trône sous le nom de Gustave III. Sa mère croit son heure arrivée : elle s'imagine qu'elle régnera et que son fils exécutera ses volontés. Mais une fois sur le trône, Gustave oublie les complexes et la timidité de son enfance. Il veut gouverner pleinement malgré le pouvoir des États qui, formant au fil du temps une sorte de Parlement, ont entamé les pouvoirs du roi. Il provoque un coup d'État qui neutralise le Parlement, et s'accorde les pleins pouvoirs. Il est ainsi devenu un despote, mais un despote éclairé.

S'ensuit en effet une pluie de réformes. Gustave est un souverain tolérant et bienveillant, qui accorde à ses sujets la liberté de religion, rend leurs droits aux Juifs, abolit la torture et libère les petits fermiers de l'emprise des propriétaires terriens. Il défend les minorités, réduit le recours à la peine de mort, assainit les finances de son royaume, sauve son peuple de la famine en libéralisant le commerce du blé, rembourse la dette publique, supprime l'impôt pour les paysans ayant plus de quatre enfants, assure la sécurité à travers son royaume et rend la justice égale pour tous.

C'est aussi un homme cultivé, intéressé par tout. Il a visité la France, l'Italie, et se lance dans des créations tous azimuts. Il ouvre l'Académie suédoise, fonde le premier opéra en Suède et construit un bâtiment idoine. Il s'intéresse aux lettres, aux arts et à la musique. Les artisans de son temps créent le style gustavien, proche du style Louis XVI mais plus épuré. Gustave III sera le plus grand patron des arts de l'histoire suédoise. Il s'occupe de tout, intervient dans tout, réforme et crée, mais néglige son premier devoir : donner un héritier à la Couronne.

Gustave III est marié depuis douze ans avec la princesse de Danemark, et l'enfant ne vient pas. Les Suédois murmurent, la Cour s'inquiète, la famille royale cancane, la reine mère s'indigne. Gustave III est en réalité homosexuel. Il le sait, et il pratique, ce qui n'arrange pas les choses. Il demande donc à son ami intime Munck, un bellâtre aux multiples conquêtes, de « s'occuper » de la reine. Gustave n'avait jamais couché avec son épouse, laquelle se montra ravie de l'aubaine. Neuf mois après l'intervention de Munck, la reine Sophie-Madeleine mit au monde un fils qui devint l'héritier du trône. Ce fils ressemblait comme deux gouttes d'eau à son père biologique, dont il avait le teint basané, Munck ayant des origines nord-africaines.

La reine mère n'est pas dupe. Elle dénonce partout le scandale. Un bâtard monterait un jour sur le trône de Suède ! Le reste de la famille lui emboîte le pas, c'est une véritable mutinerie parmi les proches du roi. Il réunit donc tout ce beau monde et tape du poing sur la table : il exige que sa mère rédige une lettre de sa main pour s'excuser des rumeurs scandaleuses qu'elle a lancées et reconnaître l'enfant comme son petit-fils. Forcée d'obtempérer, elle signe la lettre. La Suède a désormais un héritier, mais le roi ne pardonnera jamais à sa mère.

Gustave III reprend le train de ses réformes et de ses initiatives. Il entre dans la franc-maçonnerie, à l'époque une société secrète prônant la liberté religieuse et le libéralisme politique. En même temps, il publie « l'acte d'union et de sécurité » qui renforce ses pouvoirs, cette fois aux dépens de ceux de la noblesse. Au même moment, la Révolution française éclate. Gustave III a toujours été un francophile convaincu. Il a visité la cour de Versailles, est devenu l'ami de Louis XVI, mais surtout de Marie-Antoinette avec qui il entretient des liens suivis. La Révolution suscite sa méfiance, puis son dégoût. Il ambitionne de restaurer Louis XVI et Marie-Antoinette dans leurs pouvoirs. Mais comment faire ? Il tâche de créer une coalition générale, mais sans succès. Les puissances sont bien trop égoïstes, et peut-être pas mécontentes de voir la France humiliée.

Alors cet homme, jamais à court de solutions, se tourne vers l'espionnage. Il faut à tout prix savoir par le menu ce que méditent les révolutionnaires. Gustave convoque donc le comte Armfelt. Cet aristocrate a une dizaine d'années de plus que le roi. Ils sont intimes. Armfelt collectionne les succès féminins, et les bâtards, mais sa relation avec le roi déborde certainement le cadre d'une simple amitié. Il est peut-être, de tous ses compagnons, celui que Gustave III a le plus aimé. C'est un homme intelligent, décidé, plein d'initiatives et de courage. À la demande du roi, il crée un système d'espionnage en relation étroite avec les services qui se créent au même moment dans les grandes puissances opposées à la Révolution, c'est-à-dire la Russie, l'Angleterre et le royaume de Naples.

L'espionnage antifrançais puis antinapoléonien a été fort peu étudié. C'est pourtant une mine inépuisable de romans d'aventures et de personnages pittoresques. Il y a les deux Anglais, Francis Drake et Spencer Smith, les bêtes noires de Napoléon qui se doute bien de leur véritable occupation. Les deux hommes sont les consuls d'Angleterre à Munich et au Wurtemberg, donc intouchables. Il y a le comte d'Antraigues, ennemi de la Révolution et de Napoléon. En 1812, alors qu'il est prêt à faire des révélations cruciales, il est assassiné avec sa femme par son valet, que l'on retrouve tué aussi, gisant à côté du cadavre de ses patrons. Il y a l'ambassadeur d'Angleterre à Vienne, Sir Benjamin Bathurst, qui espionne et intrigue contre la France avec un enthousiasme infatigable. Lorsque l'invasion de l'Autriche par les Français le force à quitter son poste, il emporte les papiers les plus compromettants et prend la route du nord. Il traverse Berlin, puis s'arrête dans une auberge à Perleberg, non loin de la capitale prussienne. Dans un coin de la salle de l'auberge, il écrit pendant des heures, brûle des papiers, range sa mallette à documents. Le temps est venu de repartir. Sur le pas de l'auberge, l'aubergiste et son personnel le saluent. Il les remercie. Son cocher et ses serviteurs l'attendent. Il inspecte les harnais des chevaux et fait le tour de sa lourde berline de voyage. Après cette halte, on ne le verra plus jamais. Il a disparu, avec sa mallette bien entendu. Il y a aussi le beau Tchernychev, le comte russe chéri de ces dames, amant de Pauline Borghèse, la sœur de Napoléon. Il espionne pour son maître le tsar et lui révèle les plans de Napoléon contre la Russie. Enfin il y a le beau de Fersen. Axel de Fersen est l'agent de Gustave III. C'est un aristocrate suédois un peu plus âgé que le roi. Lors de son premier séjour en France, il a rencontré la reine Marie-Antoinette et ils sont devenus intimes. Puis il s'est battu pour l'indépendance de l'Amérique. Revenu en France, il a repris ses liens d'amitié avec la reine.

Lorsque j'avais neuf ans, ma mère m'avait emmené à Rome, où elle avait habité avant la guerre. Elle y avait retrouvé des connaissances et des amis, que je rencontrai ainsi. Elle m'emmena un jour dans un appartement sombre où deux dames maigres l'attendaient, habillées en noir. L'une était une cousine éloignée de mon père, ma tante Sonia. L'autre était son amie avec qui elle cohabitait, une comtesse de Fersen descendante d'Axel. Je me rappelle fort bien qu'elle nous raconta comment son père avait brûlé une masse de documents, dont des lettres concernant de Fersen et Marie-Antoinette. De Fersen fut certainement aussi l'amant du roi Gustave III, qui l'a beaucoup aimé car il était romantique, audacieux et courageux.

Gustave III et de Fersen s'activèrent pour sauver Marie-Antoinette. De Fersen organisa sa fuite à Varennes, mais il n'accompagna pas la famille royale jusqu'à la ville où ils furent arrêtés. Il les abandonna en chemin, certain qu'ils n'avaient plus rien à redouter, et leur donna rendez-vous à Bruxelles. C'est une sombre histoire que celle de la fuite et de l'arrestation de la famille royale. La légende selon laquelle Drouet aurait reconnu le roi grâce à une pièce de monnaie est fausse, et je suis à peu près certain qu'il y eut trahison. L'exécution de

Marie-Antoinette fut un coup terrible, pour de Fersen et pour Gustave III. L'un et l'autre ne se pardonnèrent pas de n'avoir pu la sauver.

La Révolution française avait instillé son poison dans nombre de jeunes têtes suédoises, en particulier celles des aristocrates qui ne pardonnaient pas au roi Gustave III d'avoir rogné leur pouvoir. L'un d'eux, le comte de Ribbing, lui en voulait par ailleurs particulièrement car il avait donné sa bien-aimée à un autre. Quant au comte Jacob Johan Anckarström, il avait été arrêté et emprisonné pour diffamation envers le roi. D'autres encore lui vouaient une haine mortelle.

Le 16 mars 1792, la nuit tombe à trois heures. Gustave III a passé la journée dans le ravissant petit château de Haga, à la porte de Stockholm. En fin d'après-midi, il monte dans sa voiture et se fait directement conduire à l'opéra de Stockholm, qu'il a fait construire quelques années plus tôt. Il aimait se retirer dans l'un des appartements qu'il y avait aménagés pour souper avec des amis. Ce soir, il est à l'opéra pour le grand bal masqué dont toute la ville parle depuis des semaines. Il retrouve ses deux invités, son écuyer, le comte d'Essen, et l'un de ses amis, le comte de Lowenheim. Le souper est servi. Le roi bavarde avec ses amis avec esprit, érudition et gentillesse. Un valet pénètre alors dans la pièce et lui présente un billet. Il l'ouvre et le passe à Essen, qui lit : « Je suis encore de vos amis, quoique j'aie des raisons de ne plus l'être. N'allez pas au bal ce soir, il en va de votre vie. » Essen s'écrie : « Le roi ne doit sous aucun prétexte aller au bal ! » Gustave III éclate de rire « Que j'y aille ou que je n'y aille pas, cela ne changera rien à ma destinée. » Essen s'étonne :

« Votre Majesté connaît donc sa destinée ? » Et le roi de raconter.

Quelques années plus tôt, il avait consulté une demoiselle Arvidson, la diseuse de bonne aventure la plus sollicitée de la ville. Elle voyait dans le marc de café. Alors qu'elle lisait son avenir, elle renversa la tasse, se pencha pour la ramasser et se releva tremblante :

« Ah, Sire, quelle fin cruelle !

– Quoi donc ? dit le roi avec un sourire forcé.

– Non, je ne peux m'y résoudre.

– Mais vous me connaissez, je ne suis pas craintif.

– Eh bien, Sire, vous devez être un jour assassiné par la première personne que vous allez trouver sur le pont du Nord en sortant de chez moi. »

Gustave resta calme et gai. Il causa encore un moment avec mademoiselle Arvidson puis sortit, impatient de rencontrer son assassin présumé. Le premier personnage qu'il rencontra sur le pont fut le comte de Ribbing, déjà connu pour être une mauvaise tête. Le roi l'arrêta : « Si je ne connaissais votre cœur et vos principes, je devrais vous redouter. » Il lui rapporta les propos de la voyante. Ils se séparèrent assez contents l'un de l'autre.

Il n'y avait pas que la voyante. Gustave avait lu le récit de son ancêtre Charles XI et la prédiction qui avait été faite. « Malheur, malheur », avait dit le fantôme. Ce cinquième règne, c'était bien lui qui l'incarnait. Mais les soupçons de Gustave portaient plutôt sur son frère Charles, le duc de Sudermanie. Il était à peu près certain que Charles avait appris l'existence d'une conjuration. Le frère du roi, personnage antipathique, attendait patiemment, sachant qu'à sa mort, une régence lui apporterait le pouvoir.

Pendant tout son règne pourtant, Gustave n'avait voulu que le bonheur de son peuple. Il avait combattu les abus de ceux qui entravaient le progrès de tous : les États, la noblesse, les grands propriétaires terriens. Finalement ces derniers eurent raison de lui. Les nobliaux qui conspiraient servaient les intérêts des grands notables et des agents de la France, pour laquelle Gustave était un ennemi à abattre.

Gustave se laissait aller à ses pensées lorsque son autre invité, le comte de Lowenheim, vint lui annoncer que le bal connaissait une animation extraordinaire. « Il est temps », murmura Gustave III. Il avait revêtu un costume de soie noire sur lequel tranchaient le cordon bleu de l'Ordre des Séraphins et une plaque en diamants. Ses valets l'aidèrent à mettre son domino et son masque. Avec ses deux amis, il prit un escalier et rejoignit le corridor qui courait derrière les premières loges de l'opéra. Il s'arrêta au buffet tenu par un vétéran français, avec qui il échangea quelques plaisanteries, puis il ajusta son masque, prit le bras du comte d'Essen, et d'une voix ferme annonça : « Maintenant, entrons au bal et allons voir s'ils osent m'assassiner. » Il était onze heures et demie du soir. La fête battait son plein. Sept à huit cents invités se pressaient à l'opéra, les escaliers, les galeries. Les sièges de l'orchestre avaient été enlevés pour laisser place aux danseurs. L'orchestre jouait sans discontinuer. Au son des airs les plus entraînants se mêlaient des rires, des bruits de verres entrechoqués. Des milliers de bougies perchées sur les lustres de cristal répandaient une lumière dorée.

Le roi s'avança. Son domino entrouvert laissait apercevoir sa plaque de décoration en diamants. « Voilà le roi », chuchotèrent ceux qui le reconnaissaient. Deux groupes masqués s'approchèrent alors de lui, lui coupant toute issue. « Bonsoir, beau masque », lança un domino. Aussitôt, un coup de pistolet partit.

Le roi s'effondre dans les bras du comte d'Essen. « Je viens d'être blessé par un grand masque noir », a-t-il encore la force d'indiquer. Personne ne s'est aperçu de rien, la musique est toujours gaie, les rires fusent, les danseurs tournoient. Essen et Lowenheim portent le roi sur une banquette et l'y étendent. Ils le déshabillent. Il a été atteint au côté gauche. La blessure est horrible, mais le roi n'a pas perdu connaissance. Peu à peu, le bruit se répand : « On a tiré sur le roi. » Essen appelle plusieurs courtisans à l'aide. Un brancard est improvisé. On l'y couche et, en prenant d'infinies précautions pour ne pas le secouer ni lui faire mal, on le monte dans les appartements.

Au même moment, dans la salle, une véritable panique se propage déclenchée par l'arrivée impromptue de militaires. Une voix hurle : « Au feu, au feu ! » La foule se précipite vers les escaliers. Mais il n'y a pas de feu. Le colonel de Pollet a vu l'attentat dont le roi a été victime. Il s'est précipité à la caserne et a pris la tête d'un régiment de dragons, qui ont encerclé le théâtre et bloqué les issues. Il a envoyé des estafettes avec l'ordre de fermer les portes de la ville. Stockholm est en état de siège. La fête est terminée.

Les médecins examinent le roi. Ils se montrent rassurants, il n'a été que légèrement touché. Un lieutenant de police, lui aussi prévenu par Pollet, est déjà sur les lieux. Il fait dresser une table au milieu de la salle, s'y installe avec un greffier et ordonne à chacun de paraître devant lui. Gustave III est informé des mesures prises. À deux heures du matin, on l'escorte jusqu'au palais royal.

Dans la salle de l'opéra, la police trouve un pistolet. Le lieutenant est convaincu qu'il s'agit de celui de l'assassin. Il libère les invités du bal. Le lendemain matin, ses hommes présentent l'arme à tous les armuriers de la ville. L'un d'eux la reconnaît et raconte que le comte Anckarström lui a demandé il y a peu une réparation sur ce pistolet. Anckarström avoue tout de suite après son arrestation, mais il insiste : il a agi seul. La police ne le croit pas. Elle mène rapidement son enquête et arrête le comte de Ribbing ainsi que le comte de Horn. C'est lui qui a tapé sur l'épaule du roi en s'exclamant : « Bonsoir, beau masque », pour indiquer sa cible à Anckarström. Par la suite, une quarantaine d'aristocrates et de militaires sont arrêtés.

Quant au roi, il se porte d'abord comme un charme et continue à diriger le pays avec sa fermeté habituelle. Les médecins sont chaque jour plus optimistes, bien que ses plaies ne cicatrisent pas. Mais soudain, il se met à souffrir de plus en plus, et son état se détériore. Gustave comprend qu'il n'en a plus pour longtemps. Il reçoit les ambassadeurs des grandes puissances, ses amis, de vieilles connaissances et même des adversaires, qui se présentent en larmes à son chevet. Pour tous, il a le mot qu'il faut. Il se félicite de son état qui lui vaut la visite de tant d'êtres aimés. Il convoque enfin sa famille, sa femme la reine, dont il était séparé, et sa mère qu'il n'a pas revue depuis des décennies. Il leur fait des adieux touchants. Le 29 mars 1792, il est dix heures du matin lorsqu'il sent sa fin approcher. D'un geste, il demande qu'on le laisse seul. Il se tourne vers le mur et meurt.

Les conspirateurs arrêtés bénéficient d'une extraordinaire indulgence. Ils sont exilés ou simplement relâchés, à l'exception du comte Anckarström. Au cours de son procès, il continuera de refuser de dénoncer qui que ce soit. Condamné à mort, il ne demandera nulle grâce. Pendant trois jours, il sera fouetté et promené à travers Stockholm, engoncé dans une armature de fer. Il répond avec froideur et dédain aux huées et aux imprécations de la foule. Le quatrième jour, on le mène sur la place des exécutions. On lui demande s'il a quelque chose à déclarer, il répond : « Si c'était à recommencer, je le ferais encore. » Le bourreau lui coupe la main, puis le décapite à la hache. La vision qu'avait eue le roi Charles XI cent ans auparavant fut réalisée. Gustave III avait été le cinquième roi après lui. « Malheur, malheur, malheur au cinquième règne » avait prophétisé le fantôme.

VLAD

Le vampire devenu un héros national

(vers 1431-1476)

Le XIXe siècle touche à sa fin. Deux hommes dînent au Beefsteak Club de Londres. C'est un de ces vieux clubs aux meubles d'acajou confortables, orné des portraits de membres illustres, aux employés silencieux et zélés. La nourriture n'est pas excellente, mais les vins sont de toute première classe. Les deux hommes se sont rencontrés il y a peu. Ils ont tout de suite éprouvé l'un pour l'autre une sorte de complicité intellectuelle. L'un, Bram Stoker, est un écrivain irlandais qui connaît un certain succès. En bon fils d'Irlande, il aime les légendes, les histoires sombres, les personnages mystérieux. L'autre, Armin Vambéry, professeur d'université hongrois, est un érudit. C'est aussi un grand voyageur qui a longuement exploré le Moyen-Orient. Il est professeur à l'université de Budapest, mais séjourne souvent à Londres.

J'ai rencontré Vambéry lors de mes recherches sur le sultan Abdul Hamid II, dont j'écrivais la biographie. Il avait été espion pour l'Intelligence Service et avait servi à Constantinople. Il avait répandu les pires horreurs sur le malheureux Abdul Hamid et, grâce à son prestige, avait été l'un de ses détracteurs les plus efficaces et injustes. Mais passons.

Le sujet du dîner des deux hommes est un autre monstre : Vlad Tepes dit « l'Empaleur », un prince souverain de Valachie. Il a longuement étudié les chroniques le concernant. Stoker est passionné par ce que l'érudit lui révèle sur ce personnage mystérieux. Vlad était le souverain le plus cruel de l'histoire, et ses victimes se comptaient par milliers : des Turcs, des Hongrois, des Allemands, des Roumains comme lui. Il torturait, emprisonnait et appréciait le pal, d'où son surnom. Ce monstre était la terreur des Balkans et de son époque. Vambéry connaissait tout sur lui, car Vlad avait souvent eu affaire au roi de Hongrie. Après ce dîner, Bram Stoker, inspiré, écrivit son plus célèbre roman : *Dracula*. Son personnage traversera les décennies et occupe encore les romans, les salles de cinéma et les postes de télévision.

Il y a quelques années, j'ai emmené mes deux petits-fils aînés à la découverte de la Roumanie. Tous les trois, nous nous sommes enthousiasmés pour ce pays, ses paysages, ses forêts et ses monuments, et surtout pour son peuple si hospitalier. Nous avons rencontré un jeune professeur de l'université de Cluj, Radu Albu Comanescu. J'ai rarement connu un érudit aussi cultivé sur l'histoire en général, et sur celle de son pays en particulier. Grâce à lui, je n'ai cessé d'apprendre. Pour donner un sens à ce voyage, j'avais décidé de partir sur les traces de Dracula, et je demandai à Radu de nous éclairer sur le personnage. C'est lui qui nous révéla la vérité sur Vlad Tepes, bien éloignée de sa légende et du personnage du roman de Bram Stoker. La voici.

Vlad naît en 1431. C'est une époque confuse pour les Balkans. La Roumanie d'aujourd'hui est alors constituée de différentes principautés qui se font la guerre. Les souverains s'attaquent et se détrônent allègrement. Vlad est le fils du prince de Transylvanie et d'une princesse de Moldavie. Il appartient à la famille des Basarabs, une ancienne et auguste dynastie. Son père s'appelle également Vlad, et il a reçu la plus haute décoration de la Couronne, l'Ordre du Dragon, réservé à vingt-quatre des plus nobles entre les nobles, pour services rendus à la Hongrie et à la cause chrétienne. « Dragon » se dit en roumain *Dracul.* Le prince de Valachie est donc Vlad Dracul, et son fils, notre héros, Draculea, « le fils de Dracul ».

Le jeune Vlad a eu une enfance heureuse, entre un père et une mère aimants et un frère aîné qu'il aimait beaucoup. Le père de Vlad était un souverain juste et populaire. Pour éviter le pire, il s'était allié aux Turcs ottomans. Le sultan avait exigé de sa part des garanties, et en particulier que ses deux fils cadets soient envoyés en otage à la cour ottomane. Vlad, alors âgé de onze ans, et son cadet Radu, partent donc pour Andrinople, alors capitale de l'Empire ottoman. Ils y resteront trois ans. Le roi de Hongrie, considérant que l'alliance du prince de Transylvanie avec les Turcs est une trahison, envahit les États du prince et, lors d'une bataille décisive, fait prisonnier le père de Vlad et son frère aîné Mircea, qu'il condamne à être enterrés vivants.

Chez les Ottomans, Vlad et son frère reçoivent l'éducation la plus soignée. On les instruit dans différentes sciences et on les traite comme de véritables princes. Ils rencontrent des personnages influents, ils apprennent, ils observent. Vlad est remarquablement intelligent, il s'intéresse à tout, même à sa fortune. Un jour à Istanbul, j'avais visité le splendide bâtiment de la Banque ottomane dans le quartier chrétien de Péra. Par hasard, je remarquai le nom de la rue : « Voïvode », un titre roumain. J'interrogeai un érudit sur cette curieuse dénomination, et il m'apprit que la rue se situait sur des terrains achetés un jour par un *voïvode*, c'est-à-dire en fait par Vlad lorsqu'il était otage à la cour ottomane.

Traités comme des membres à part entière de la cour ottomane, les princes de Transylvanie devinrent intimes du fils et héritier du sultan Mehmed, le futur Mahomet II, conquérant de Constantinople. Celui-ci trouva les deux princes roumains, à peine sortis de l'enfance, tout à fait à son goût. Il les initia de gré ou de force à la sodomie. Le cadet, Radu, y trouva son compte et devint l'amant en titre de l'Ottoman.

Vlad fut abominablement malheureux à Andrinople, entre autres parce qu'il était prisonnier de ceux qu'il considérait comme les ennemis mortels de son pays. Il était jeune, mais les dangers qui l'entouraient depuis qu'il avait quitté ses parents l'avaient fait mûrir avant l'âge. Il était malheureux aussi parce qu'il était entouré des ennemis de sa religion, de son pays, de sa civilisation et il savait qu'un jour, il lui faudrait les combattre. En revanche, contrairement à ce que l'on croit, son apprentissage de la sodomie ne l'a pas tellement marqué. S'il utilisa plus tard le pal pour punir ses ennemis, ce n'était pas à cause de ce qu'il avait subi et d'une répulsion imaginaire, mais plutôt parce que c'était le supplice qui impressionnait le plus ses ennemis.

Vlad admirait les Ottomans. Ils étaient très forts dans l'art militaire et excellents diplomates. Grâce à eux, il comprit comment fonctionnait un État moderne, et s'en inspira lorsqu'il se retrouva à la tête de son pays. Le futur sultan Mahomet II, bien qu'appelé à devenir son ennemi mortel, le fascina. Il découvrit un personnage d'une intelligence, d'une lucidité et d'une envergure intellectuelle inouïes. Ce n'était pas seulement un grand chef militaire, c'était aussi un penseur. Ce qu'il fit de l'ancienne capitale de l'Empire byzantin est un chef-d'œuvre d'habileté, de vision et de mesure. Auprès des Ottomans, Vlad apprit aussi à cacher ses sentiments. Il se fit si bien passer pour l'un des leurs que le sultan crut bon de le libérer, ravi de placer en Roumanie un pion acquis à sa cause. Mais, une fois rentré en Valachie, Vlad attaqua l'usurpateur installé par le roi de Hongrie. Il le renversa et reprit le trône de ses pères. Il sortait à peine de l'adolescence, mais était déjà pleinement adulte.

Son règne commença sous les meilleurs auspices. Il fonda un État solide. Pour concurrencer les grands seigneurs toujours prêts à se révolter, il s'appuya sur des fonctionnaires et des employés de la classe la plus humble de la société, qui devinrent ses fidèles. Il réorganisa tous les rouages de l'État et fit régner la sécurité totale. Cela ne s'était encore jamais vu dans la principauté. On disait sous son règne qu'on pouvait oublier une bourse pleine de pièces d'or dans la rue, car personne ne s'aviserait de la voler. Vlad sut se faire aimer de ses épouses, de ses amis, de ses serviteurs qui lui restèrent toujours fidèles, et de ses sujets. Depuis l'enfance, lui-même avait appris à aimer ses Valaques, ses Moldaves, ses Roumains maltraités et ignorés par l'histoire, qui souffraient, avaient faim et perdaient espoir.

Vlad, personnage cultivé, fut un bâtisseur impénitent. Il multiplia les palais, les couvents et les ouvrages de défense. Il ne reste de ses nombreuses créations que la tour du palais de Targoviste et la fameuse forteresse de Poenari, intimement liée à son histoire. Il aimait aussi la musique et disposait d'une chorale et d'un orchestre. Il créa une cour où régnait le luxe. Il épousa une jeune fille de Transylvanie dont on ne sait à peu près rien, même pas le prénom. Elle lui donna deux fils, et fut apparemment très amoureuse de lui.

Vlad se montra aussi un financier remarquable. Il trouva une situation déplorable dans sa Valachie natale, où les commerçants allemands de Transylvanie s'enrichissaient sans limites au détriment des Valaques. Ces Saxons s'étaient installés il y avait bien longtemps en Transylvanie, et ils y tenaient le haut du pavé, fondant des villes somptueuses et d'aspect terriblement allemand. Vlad ne pouvait les souffrir. Il essaya pourtant de s'entendre avec eux, d'arriver à un accord pour une répartition plus juste des droits et des impôts. Rien n'y faisait, les Allemands ne voulaient rien lâcher de leurs privilèges outrageants. Alors Vlad, décidé à avantager ses sujets, leur imposa des droits de douane très élevés. Les commerçants étrangers hurlèrent et se mirent à répandre des horreurs sur lui, oralement et par écrit : il était un tyran, le plus cruel des hommes, c'était un vampire qui se repaissait du sang de ses sujets. Ainsi naquit la légende noire de Vlad, créée par des marchands allemands qui se croyaient spoliés.

Vlad, il est vrai, pouvait se montrer parfois cruel. Il avait compris qu'on ne venait à bout de ses ennemis qu'en leur faisant peur. Il y alla si fort qu'il réussit au-delà de toute espérance. Il n'avait jamais pardonné aux boyards, les grands seigneurs qui avaient aidé le souverain hongrois à renverser son père. Il les invita au palais pour un grand banquet. Ceux-ci eurent l'imprudence d'accepter et accoururent. Ils étaient cent à deux cents, avec leurs familles, enfants compris. Vlad les fit arrêter en plein banquet et en empala un bon nombre. Quant aux autres, il les força à devenir ouvriers et maçons pour construire sa forteresse de Poenari. Ces seigneurs délicats, ces femmes et ces jeunes gens vécurent dans des conditions tellement difficiles que nombre d'entre eux ne survécurent pas. Non seulement ils souffraient mille morts, mais ils étaient quotidiennement humiliés et traités comme des bêtes.

Puis Vlad se tourna contre les Turcs. Il savait que jamais ils ne le laisseraient en paix et qu'ils auraient comme but principal de le conquérir, lui, et ses voisins. Mahomet II avait conquis Constantinople et lui envoya une ambassade. Les deux représentants de cette mission se présentèrent devant son trône, turban sur la tête. Vlad les pria de se découvrir, jugeant que rester coiffés en sa présence était une insolence. Les Turcs répondirent que leur religion le leur interdisait. « Alors, restez couverts », déclara Vlad, et il fit clouer les turbans sur le crâne des deux Turcs qui, évidemment, y laissèrent leur vie. Mahomet II, plein d'illusions sur Vlad, ne s'attendait pas à une telle provocation. Il en fut outré et lui déclara immédiatement la guerre. Il envahit ses États. Vlad n'était ni assez armé ni assez fort pour résister au rouleau compresseur ottoman. Bien vite, il fut acculé et se réfugia dans sa forteresse de Poenari.

Cette forteresse, je l'ai visitée. Elle se trouve au sommet d'une hauteur aux flancs abrupts, au tournant d'un fleuve, dans une région de vallées profondes que son relief rend quasiment impénétrable. Il n'y a pas de route jusqu'à Poenari.

Les Turcs l'assiégèrent. C'était une petite forteresse : sa garnison n'était pas nombreuse et ses réserves furent vite épuisées. Vlad comprit qu'il ne pourrait pas tenir. Sachant qu'ils étaient perdus et ne voulant à aucun prix tomber prisonnière des Turcs, sa femme, qui l'avait suivi, se jeta par la fenêtre. Vlad s'échappa par un souterrain qui le mena dans les bois alentour. Des paysans lui permirent d'échapper aux armées turques, car il était infiniment populaire et aimé de son peuple. Plus tard, il donna aux paysans qui l'avaient sauvé d'immenses terrains que leurs descendants possèdent toujours dans la région.

Vlad était donc vivant, libre, mais acculé. Les Turcs le traquaient. Alors il accepta l'invitation du roi de Hongrie, Matthias Corvin, à se réfugier à sa cour. Matthias fut l'un des plus grands rois de Hongrie, rusé, calculateur et infiniment cultivé. C'était un être accompli, mais également cynique et sans scrupule. À peine Vlad arrivé, Matthias le fit enfermer dans un cachot et l'accusa de lui avoir volé l'argent que le pape lui avait envoyé pour lever une nouvelle croisade. En réalité, Matthias avait lui-même détourné à son profit les fonds du Vatican, mais profitait de l'aubaine. Vlad n'était-il pas un monstre de cruauté, de perversité, qui exécutait, torturait des milliers d'hommes et de femmes et se repaissait de leur sang ? Il pouvait bien avoir volé l'argent du pape ! De nouveau, la légende noire du vampire fleurit. Comme les marchands allemands, Matthias Corvin dicta ses accusations à ses chroniqueurs. Ces dernières allaient traverser les siècles et être lues par Bram Stoker.

Les méfaits de Vlad sont en réalité sans proportion avec les monstruosités que lui attribuèrent ses détracteurs. Dans sa lutte contre les Turcs, il avait été soutenu par la foi profonde qu'il éprouvait. Comme tant de souverains de son époque, il pouvait à la fois tuer et prier. Il assistait fréquemment aux offices, fonda de nombreux monastères et donna beaucoup aux œuvres de charité.

Certains souverains protestèrent contre le régime auquel Matthias condamnait Vlad, jusqu'au pape qui voyait en ce dernier un allié contre les Turcs. Matthias libéra finalement le roi, mais le garda aux arrêts. Il le traita comme un invité de luxe. Vlad épousa même une cousine de Matthias, Ileana Hunedoara. Elle était jolie, tomba amoureuse de lui et lui donna plusieurs enfants qui eurent eux-mêmes une descendance nombreuse. Il n'avait alors que trente et un ans. Il resta dix ans en Hongrie et ne s'ennuya pas, profitant du luxe de l'une des plus importantes cours d'Europe. Les lumières de la Renaissance venues d'Italie y brillaient, alors que dans sa Valachie, c'était encore le Moyen Âge. Au bout de ces dix années, Matthias se dit finalement que Vlad était somme toute l'arme la plus efficace contre les Turcs. Aussi le libéra-t-il.

Vlad rentra donc au pays. Son trône avait été occupé par des usurpateurs, dont son frère cadet, Radu, l'amant du sultan. Vlad récupéra son pouvoir et, pour préparer sa défense contre les Turcs, bâtit une importante forteresse ainsi qu'une nouvelle ville dans une bourgade jusqu'alors minuscule, qui s'appelait Bucarest et dont il fit sa seconde capitale.

Vlad agissait à temps, car Mahomet II envoyait déjà contre lui une immense armée. Celle-ci, menée par le sultan en personne, gagna des batailles, en perdit aussi. Des milliers de soldats ottomans furent faits prisonniers, mais cela n'arrêta pas sa progression. Mahomet II cheminait à la tête de son armée à travers les terres de Transylvanie, lorsqu'il aperçut soudain un spectacle de cauchemar. Devant lui se dressaient deux mille pals sur lesquels deux mille prisonniers turcs étaient empalés. Il ne restait d'eux que des charognes sanguinolentes, à moitié pourries et exhalant une puanteur insoutenable. Il avait fallu une organisation étonnante et d'innombrables bourreaux pour exécuter ainsi tant de soldats. Mahomet II, que rien n'arrêtait pourtant dans la vie, ne put faire un pas de plus. Il contemplait ce spectacle, incapable de s'en arracher. Puis il murmura : « On ne peut pas combattre un tel ennemi, faisons demi-tour. » L'armée ottomane abandonna les territoires de Vlad et rentra chez elle.

Mahomet II fut plus que jamais décidé à se venger de Vlad. Comme il ne pouvait l'attaquer de front, il utilisa la ruse, ce qui montrait bien son désespoir. Vlad avait en effet accordé sa confiance à un collaborateur qu'il connaissait depuis toujours, mais qui s'était laissé acheter. Les espions turcs à la cour de Vlad avaient sondé plusieurs hommes, qui avaient tous refusé de porter la main sur leur souverain. Celui-là se laissa acheter par ambition, par appât du gain peut-être, mais surtout sans doute par vindicte personnelle, car Vlad avait dû se montrer impatient ou injuste avec lui. Il assassina Vlad en le poignardant lâchement dans le dos. L'espion valaque qui l'avait engagé coupa la tête de Vlad et l'envoya au sultan. Le traître prétendit que l'argent qu'il avait remis à l'assassin venait des boyards dont Vlad avait massacré les familles et qui voulaient se venger de sa tyrannie. Le sultan Mahomet II, fou de joie d'être débarrassé de Vlad, exposa sa tête à la porte du palais.

Vlad mourut donc à quarante-cinq ans, en 1476. On dit qu'il a été enterré au ravissant monastère de Snagov, dans une petite île au milieu d'un lac non loin de Bucarest. Des fouilles ont été entreprises dans ce que l'on croyait être sa tombe en 1932. On souleva la dalle, la tombe ne contenait qu'un poignard précieux et une bague. Comme chacun sait, les vampires ne restent pas dans leurs tombes ! Depuis, les archéologues doutent fortement que Snagov ait réellement abrité la tombe de Vlad, qui aurait en fait été enterré dans un monastère qu'il aurait fondé.

Pendant notre tournée en Roumanie, mes petits-fils et moi avions refusé d'habiter dans le « camping du vampire », mais nous avons logé dans l'hôtel-château de Dracula, qui bien que construit récemment, se révéla formidablement hanté.

Vlad est le héros national des Roumains, car il s'est victorieusement opposé à l'ennemi héréditaire, les Turcs. Il est le symbole même du patriotisme roumain. Pas mal, pour un vampire !

LADY JANE DIGBY

La reine du désert était une lady Anglaise

(1807-1881)

Jane Digby naît en 1807 à Forston House, un joli manoir géorgien situé dans le vaste domaine de Minterne Magna, dans le Dorset anglais. Son père, Henry Digby, a fait fortune d'une façon originale. Il est amiral de la flotte anglaise, mais aussi corsaire : il arraisonne les navires français et espagnols qui ont le malheur de naviguer trop près des siens. Il pille consciencieusement ses prises, envoie à la Couronne une grande partie de l'or ainsi acquis, et en garde une part confortable. À faire cet intéressant métier, il n'est pas souvent à la maison.

Sa fille Jane avouait volontiers qu'elle n'avait jamais aimé ses parents. Elle aurait souhaité connaître son père, car c'était un aventurier, mais il était distant. Il ne permettait pas à ses enfants, moins encore aux filles, d'être proches de lui. Ils n'étaient pas autorisés à entrer dans son bureau. C'est à peine s'il leur disait bonsoir. Quant à leur mère, elle était folle de son mari et ne pensait qu'à lui. Comme il était souvent absent, elle préférait séjourner chez ses propres parents, lord et lady Leicester. Ces derniers possédaient l'un des plus grands châteaux d'Angleterre, Holkham Park dans le Norfolk, qui appartient aujourd'hui encore à la famille. Au milieu d'un parc démesuré courent des colonnades néoclassiques interminables. L'intérieur présente des enfilades de salons aux boiseries dorées où s'alignent des tableaux de maîtres et des sculptures antiques. Le hall d'entrée, avec sa colonnade de marbre en demi-cercle et son escalier imposant, est célèbre. À l'époque, ces grands seigneurs britanniques étaient quasiment des souverains dans leur région. C'est d'ailleurs toujours le cas : des centaines d'employés travaillent pour eux, et en retour, ils sont responsables de la sécurité, de l'éducation et de la santé de ceux qui se mettent à leur service.

Jane Digby s'entend bien avec son grand-père, et elle a hérité de son amour de la vie. Celui-ci s'est remarié à soixante ans avec une femme jeune, après de multiples aventures. Jane aimait Holkham Park pour son luxe, ses œuvres d'art et son confort, mais surtout ses grands espaces, ses immenses prairies où elle pouvait galoper sans fin, ses forêts et son ciel si vaste. Elle n'était pourtant pas tout le temps à Holkham. Napoléon était tombé, on pouvait de nouveau voyager sur le continent. Ses parents l'emmenèrent plusieurs fois en Italie, en France et en Allemagne. Elle apprit plusieurs langues, ce pour quoi elle était douée, et finit par en parler cinq ou six parfaitement.

À quatorze ou quinze ans, son corps était parfaitement développé. Elle était d'une extraordinaire beauté. Elle avait de grands yeux bleus. Ses lèvres charnues souriaient continuellement et découvraient ses dents blanches comme des perles. L'ovale de son visage était parfait, son teint de pêche incomparable. Elle était un mélange de vitalité et de grâce. Mais sa gloire, selon l'expression d'un chroniqueur de l'époque, c'étaient ses cheveux blonds qui tombaient en cascade jusqu'à ses genoux. Son apparence était en accord avec son caractère. Jane était d'une audace que rien ne devait entraver. Toute jeune, elle commença à ne faire que ce qu'elle voulait et continua sans interruption jusqu'à sa mort, des décennies plus tard.

Un cousin de Jane, George Anson, séjournait fréquemment à Holkham Park. George avait récemment atteint la trentaine, il était grand, avait des yeux magnifiques, des lèvres étroites et un long nez. Il sauta sur sa jolie cousine, qui se laissa faire. Aux yeux de Jane, il était beau, très bête et d'une frivolité inouïe. Il ne pensait qu'aux fêtes et aux habits. Elle l'adora... pendant une semaine. À Holkham Park, il y avait aussi le jeune bibliothécaire, Frederick Madden, fou amoureux depuis des années de Jane. Elle avait été initiée par le cousin. Puisqu'il n'y avait personne d'autre, pourquoi pas le bibliothécaire ? Ils devinrent amants. Pour lui, ce n'était pas une passade, mais la passion. Grâce à lui, Jane découvrit ce sentiment parfois excessif chez les hommes.

À Londres, la saison commença. Jane fit sa sortie dans le monde. Elle apparaissait dans les dîners et les bals que donnait l'aristocratie en ses palais. Elle était admirablement habillée, car elle avait un goût inné pour la toilette. Coquette, elle savait parfaitement s'arranger et se présenter au mieux d'elle-même. Elle fit sensation. Elle avait seize ans et tous les yeux se tournaient vers elle. Un jeune homme la surnomma même « Aurora », la comparant à une aube dorée. Jane retournait souvent à Holkham Park et y retrouvait le bibliothécaire, toujours fougueux. Elle l'adorait, mais aimait aussi les bals, car elle aimait danser. Il paraît qu'elle avait une jolie voix.

Très vite, un fiancé se présente : Edward Law, lord Ellenborough. Il a le double de son âge. Il n'est pas beau, avec ses petits yeux perçants sous sa coiffure frisottée. Il n'est pas apprécié non plus, mais il est immensément riche et a devant lui un grand avenir politique. Il lui fait une cour assidue. Accepte-t-elle de bon cœur de lui donner sa main ? On ne lui demande pas son avis. L'alliance est brillante et cela suffit aux parents. Jane se marie à dix-sept ans à peine. Elle trouve lord Ellenborough antipathique, mais c'est un amant remarquable quand il s'intéresse à elle. Elle n'a pas protesté contre ce mariage parce que pour elle, c'est le début de la liberté. En se mariant, elle peut avoir tous les amants du monde et vivre enfin comme elle l'entend.

Ellenborough, de son côté, ne voulait qu'une chose : un héritier. Mais assez vite, il retourna à son occupation principale : sa carrière politique, qui devait être brillante puisqu'il sera ministre de la reine Victoria et vice-roi des Indes. Toujours liée au bibliothécaire passionné de Holkham Park, Jane faisait de fréquents séjours chez son grand-père ou le recevait à Londres. Elle avait loué pour lui un appartement et le retrouvait pour de volcaniques après-midi. Très vite, elle fut enceinte et mit au monde un fils, Arthur. Lord Ellenborough était content, et le bibliothécaire comblé d'avoir donné une preuve de son amour à sa bien-aimée.

Mais un autre amoureux se présenta. Le prince Félix de Schwarzenberg, attaché à l'ambassade d'Autriche à Londres, appartenait à une des plus anciennes et riches familles de l'Empire austro-hongrois. Il était le fils de la malheureuse Pauline d'Arenberg, princesse de Schwarzenberg, qui avait péri dans l'incendie lors du bal que son mari, ambassadeur à Paris, donna pour le mariage de Napoléon et Marie-Louise. Félix n'était pas beau non plus. Il avait un visage très allongé, son nez était busqué, ses yeux tombants, mais il avait du charme et était brillamment intelligent. Et puis, un prince du Saint-Empire, c'est mieux qu'un bibliothécaire ! Jane tomba dans les bras de Félix. Et ce fut le drame.

Le fils de Jane mourut brusquement à l'âge de deux ans. Alors, elle rejeta cette couverture qu'était son mariage avec lord Ellenborough. Son mari la dégoûtait. Elle étala publiquement sa liaison avec Félix. Avec lui, c'était le romantisme, l'évasion. Il lui parlait de ses propriétés en Bohème, en Autriche, en Hongrie. Elle rêvait de les découvrir. Mais Félix tarda à exaucer ce souhait, car il ne voulait pas montrer Jane à sa famille. Après tout, elle était une femme mariée. Jane espérait que son mari, lord Ellenborough, demanderait le divorce, ce qu'il fit. Le scandale avait pris de telles proportions qu'elle s'enfuit avec Félix à Paris, où elle lui donna bientôt un fils et une fille.

La procédure de divorce, jugé par la chambre des pairs dont lord Ellenborough faisait partie, fit encore enfler le scandale, car toutes les turpitudes de lady Jane furent étalées devant les nobles lords. Ceux-ci étaient enchantés d'entendre les récits des nuits fougueuses de Jane et du bibliothécaire. Les espions, les femmes de chambre et les valets d'Ellenborough les avaient rapportés à leur maître, qui les répéta à son tour à ses collègues réunis en tribunal. Cela n'atteignit pas le couple éperdu, qui vivait d'amour et d'eau fraîche, celle-ci étant alimentée par les immenses revenus du prince de Schwarzenberg.

Paris était devenu, grâce au roi Louis-Philippe et à son libéralisme, la ville internationale des artistes et des réfugiés politiques. Les uns et les autres étaient souvent mêlés. Il y avait des Polonais, des Italiens, des Espagnols, des Autrichiens, tous réfugiés des pays où l'oppression sévissait. Bien entendu, il y avait également des Russes. Jane aimait ces hommes romantiques, Chopin, Balzac, parmi d'autres. Car Balzac fut amoureux d'elle ! Notre Jane serait le modèle de la bien-aimée inaccessible du *Lys dans la vallée*. Quant à Rossini, passionné de cuisine, il la contemplait avec des yeux globuleux comme si elle avait été un mets succulent. Il y avait aussi la princesse de Belgiojoso. C'était une coquine aux airs d'héroïne qui amusait Jane. Et puis, il y avait Liszt, exquis et charmeur, ainsi que madame d'Agoult, la maîtresse de ce dernier, que lady Jane trouvait poseuse et bas-bleu. Elle aurait bien aimé avoir une liaison avec Liszt, mais elle était folle de son Schwarzenberg.

Soudain, le drame la frappa à nouveau. Leur fils mourut à l'âge d'un an. Puis, sa famille fit comprendre à Félix que sa vie maritale avec une femme scandaleuse nuisait à son avenir politique. Félix abandonna Jane sans crier gare, emportant avec lui leur fille. Jamais Jane ne la reverrait. Elle ne pouvait rester seule à

Paris, l'Angleterre lui était fermée, alors elle s'installa à Munich, dont on lui avait vanté les charmes. Elle avait aussi entendu parler du roi Louis Ier qui y régnait, et avait assez envie de le rencontrer. À peine arrivée, lady Ellenborough déposa sa carte au palais de la Résidence. Un message en retour l'invita à s'y présenter. Quand il la vit, l'œil du roi s'alluma aussitôt. Lui-même était irrésistible, grand, avec des yeux un peu fous. Il avait l'allure d'un poète romantique, des idées d'une originalité rare et une culture phénoménale imprégnée de Grèce antique. C'était un homme à femmes qui ne reculait devant rien pour satisfaire ses amours, généreux, amusant, original, capricieux et totalement imprévu.

Il avait transformé sa capitale et en avait fait la ville la plus brillante de toute l'Allemagne. Il avait acheté sans compter des sculptures antiques et créé la glyptothèque de Munich, pour les conserver en compagnie des frises du fameux temple d'Égine. Mais aux belles femmes de marbre, il préférait encore celles en chair et en os. Il était marié à la reine Thérèse, née princesse de Saxe, ce qui ne l'empêchait pas d'avoir des maîtresses. Il fit peindre les plus belles femmes de sa connaissance par le peintre Stieler et en aligna les portraits dans une salle du palais de la Résidence. Parmi cette série figure le portrait de Jane, car le roi en est tombé amoureux. Elle non plus n'est pas insensible à son charme. Conquise, elle devient rapidement la maîtresse royale.

Comme il est nécessaire de sauver les apparences, il faut un mari. Il se matérialise en la personne du baron Karl von Venningen. Il est amoureux de Jane et heureux d'avoir été distingué par le souverain. En

1833, ils se marient. Jane lui donnera un, puis deux enfants. Le baron von Venningen veut bien fermer les yeux sur la liaison de sa femme avec le roi, mais lorsqu'elle entame une liaison avec un simple comte, il n'est pas d'accord. Car Jane, fidèle à elle-même, est tombée amoureuse du comte Spyridon Théotokis, un Grec d'une illustre famille. Il vient de Corfou, où il possède d'immenses propriétés et une villa somptueuse. Il est maigre, dégarni. Son visage est glabre. Von Venningen provoque Théotokis en duel et réussit à le blesser légèrement. Mais c'est un homme généreux. Il accorde à Jane le divorce et se charge d'élever leurs enfants. Jane et lui resteront toujours amis.

Avec toutes ses aventures, le scandale a suivi Jane jusqu'à Munich, d'autant plus que le roi Louis Ier continue à partager ses faveurs avec Théotokis. La reine Thérèse, pourtant tolérante et qui en a vu d'autres, fait comprendre à Jane qu'elle ferait mieux de déguerpir. « Vous voulez que je parte, eh bien partons », répond aussitôt Jane. Elle part pour la Grèce avec Théotokis, qu'elle épouse et auquel elle donne un fils. À peine arrivée à Athènes, elle est présentée à la cour. La « cour », c'est un bien grand mot, car la Grèce a gagné son indépendance il y a peu. C'est un pays pauvre. Le palais royal construit par Louis Ier de Bavière est immense. Le premier roi de Grèce, Othon de Bavière, fils de Louis, a hérité du charme paternel. Tel père, tel fils : Othon, bien que marié à la princesse Amélie d'Oldenbourg, tombe amoureux à son tour de Jane, qui lui cède rapidement. Jane Digby n'a pourtant rien d'une courtisane. Elle a assez de fortune pour vivre confortablement par ses propres moyens et n'a nul besoin d'être entretenue. En grande dame britannique, elle est immunisée contre la morale bourgeoise. Elle a toujours fait ce qu'elle voulait, avec un amour insatiable pour la vie sous toutes ses formes. Elle aimera jusqu'à son dernier jour, ce qui lui permettra de garder toute sa jeunesse.

La Grèce lui plaît. C'est un pays jeune, instable, mais où l'aventure court les rues, à condition de sortir d'Athènes. Car pour Jane, Athènes est franchement un trou. La société y est réduite à quelques grandes familles et aux parents des héros de l'indépendance. Personne ne l'emmenait hors d'Athènes, dans ce pays, le plus beau du monde, qu'elle aurait tant aimé parcourir et découvrir. Le roi n'emmenait jamais Jane dans ses tournées en province, d'ailleurs fort rares. Théotokis ne l'emmena qu'une seule fois dans son île de Corfou, dont elle raffola. Et le drame frappa à nouveau. Son fils, alors âgé de six ans, qu'elle avait eu du comte Théotokis, tomba d'un balcon et se tua. Jane fut brisée, Théotokis désespéré. Othon avait d'autres préoccupations et ne put la consoler. Elle s'éloigna de Théotokis. Ils divorcèrent sans mal car la procédure entre une protestante et un orthodoxe était fort aisée.

Alors apparut Cristos Hadji-Petros. Avec lui c'était l'aventure à fond. Il était bandit, gangster, voleur, combattant, guerrier, patriote, amoureux, amant, romantique, tout ce qu'elle aimait. Très jeune, Hadji-Petros avait participé à la guerre d'indépendance, dont il était devenu un héros. Il avait formé une troupe de palicares et de combattants et participait à toutes les batailles. Indomptable, d'un courage exceptionnel, d'une audace encore plus grande, il n'avait jamais été vaincu. La Grèce devenue indépendante, il s'était retrouvé, pourrait-on dire, au chômage. Alors, il était devenu un gangster. Il pillait des voyageurs, arrêtait des diligences. Évidemment, ceux qui résistaient risquaient de recevoir une balle, mais son objectif premier était seulement de dépouiller.

Puis la Grèce inventa la sécurité. Le temps du brigandage passa. Hadji-Petros, tout naturellement, s'intégra à l'appareil d'État. Il fonda le premier régiment de cavalerie et devint aide de camp d'Othon. Député, il fut chargé de missions importantes dans l'administration. Avec ses moustaches trop longues, ses sourcils touffus et ses yeux intenses, il faisait plutôt peur. C'est ce qui attira Jane. Lui fut instantanément séduit. Comme pour tant de Grecs, conquérir une superbe étrangère blonde, c'était toucher le gros lot. Devenu son amant, il lui fit découvrir son domaine. De son passé pas si lointain, il avait gardé des compagnons, des complices et des caches. Il emmena Jane dans de longues randonnées à travers la campagne grecque. Elle fit connaissance avec les palicares, des hommes redoutables et terrifiants d'aspect. Elle dormait avec Hadji-Petros et ses hommes dans des cavernes où les voleurs s'étaient naguère cachés. Ils galopaient, chassaient, menaient une existence rude, pour elle totalement inédite. Ce n'était pas seulement d'Hadji-Petros dont elle était amoureuse, c'était de la Grèce qu'il lui faisait découvrir, enfin ! La Grèce, c'était l'aventure, la démesure, l'inattendu. Elle en aimait la population hospitalière, les paysans. Elle adorait la mer, les montagnes, les plaines débordantes de cultures et d'arbres fruitiers, tout comme les collines arides, le ciel toujours bleu, le soleil brûlant et le vent déchaîné.

Jane acceptait de coucher à la dure, de se nourrir de peu, mais elle ne renonçait pas à tous ses conforts. Partout la suivait sa petite femme de chambre, Eugénie, une Française âgée de quinze ans. Et l'impensable arriva. Jane, qui avait trompé tant de maris et d'amants, fut pour la première fois trompée. Hadji-Petros devint l'amant d'Eugénie. Jane découvrit cette liaison et, bien entendu, le quitta. Restait Othon, toujours épris. Après tant d'années, la reine Amélie se piqua de jalousie et fit comprendre à Jane qu'il valait mieux qu'elle s'en aille. Jane embarqua donc pour le Moyen-Orient et fut bientôt à Beyrouth.

À peine vit-elle apparaître la côte mauve, rose et or du Liban qu'elle comprit. Elle était arrivée à destination. Sans qu'elle s'en doute, sa vie la conduisait vers l'Orient. Holkham, Londres, Paris, Munich, Athènes n'avaient été que des étapes. Elle ne devait plus jamais quitter ce Moyen-Orient sauvage et fabuleux dont les légendes depuis des siècles attiraient tant d'Européens et d'Européennes. Beyrouth faisait partie de l'Empire ottoman. C'était un port animé. Jane découvrit avec bonheur les souks et leurs produits fascinants, les ruelles des vieux quartiers, les vastes palais de l'aristocratie locale dont la plupart des familles étaient chrétiennes. Elle se sentit à l'aise dans cette atmosphère romanesque. Mais cela ne lui suffisait pas, elle voulait les grands espaces, elle voulait le désert.

Tous les Libanais qu'elle avait rencontrés tentaient de l'en dissuader. Rarissimes étaient les Européens qui s'aventuraient dans le désert. Et une femme ! Ces contrées inexplorées étaient truffées de tribus qui se jetaient sur les caravanes pour piller ou demander rançon. Plus on la décourageait, plus Jane était sûre de son désir. Elle engagea donc des caravaniers et partit à l'aventure. Il fallait être Anglaise pour avoir ce genre d'audace. De ce peuple positif, réaliste, les pieds sur terre et sans beaucoup d'imagination, naissent des hommes et des femmes qui poursuivent toute leur vie un idéal, s'expatrient avec bonheur, se risquent dans des contrées méconnues. Jane n'est pas la seule Anglaise de ce calibre, mais c'est de loin la plus extraordinaire, et probablement la plus séduisante.

Elle partit donc dans le désert. Au nord de Beyrouth, après être passée par Tripoli, elle salua l'énorme forteresse du krak des Chevaliers. Puis ce fut le véritable désert. À peine s'y fut-elle engagée qu'elle comprit. Cette lumière crue, ce ciel toujours bleu, ce soleil incandescent, c'était là qu'elle devait vivre. Et personne, pas un bruit, sauf le sifflement du vent. Parfois, un château arabe dressé au milieu de rien. Sinon, ce sont des dunes, des étendues illimitées que rompt parfois une maigre oasis. Dans le désert, elle respire enfin. Elle se sent libre. Elle a peut-être toujours agi à sa guise, mais elle ne s'est jamais sentie pleinement libre. Jane Digby est arrivée à destination.

Mais ce qui devait arriver arrive : sa caravane est attaquée par une tribu de Bédouins. Jane et les caravaniers sont menés au camp, un village de tentes en poil de chameau. Elle est conduite devant le chef de la tribu qui occupe la tente la plus vaste, le cheikh Abdul Midjuel el Mezrab. C'est le coup de foudre. Il appartient à l'une des tribus les plus importantes de la Syrie. Il a presque vingt ans de moins que Jane. Il a l'air plus civilisé que ses hommes, qui semblent farouches en même temps qu'incroyablement innocents. Le cheikh, lui, n'a rien d'innocent. Il est intelligent et éduqué. Jane a quarante-six ans, elle est belle comme le jour. Le cheikh la fait libérer et l'installe aussi confortablement que possible dans un campement bédouin au milieu du désert. Tranquillement, Jane s'adapte à la vie bédouine. Le cheikh est un amoureux accompli avec elle. La différence d'âge, de religion, d'éducation, ne compte pas. Ils sont faits l'un pour l'autre.

Au début, les Bédouins la regardent avec effarement pour une raison que lui explique aussi doucement que possible le cheikh : elle est blonde. Or, pour les hommes du désert, les cheveux blonds portent malheur. « Qu'à cela ne tienne », répond-elle. Elle se teint les cheveux en brun et s'habille à la bédouine. Les nomades, pour combattre la monotonie des tonalités du désert, vêtent leurs femmes des couleurs les plus vives. Les robes bédouines sont des merveilles de soie ou de satin brodées de petites fleurs ou alors rayées de jaune, de rouge et de vert. Par-dessus, Jane porte le burnous bleu typique de la tribu du cheikh. Il tombe jusqu'au sol, sa tête est couverte d'une sorte de turban d'où s'échappent deux longues tresses et, sur le bas du visage, elle pose un léger voile. C'est ainsi que la représentera le célèbre portraitiste allemand Haas, avec au fond les ruines de Palmyre. Ce tableau est exposé de nos jours au musée du Koweït.

Jane gagne bientôt le respect des Bédouins. Jamais ils n'avaient vu quelqu'un dompter avec une telle maîtrise les étalons les plus sauvages. Depuis l'enfance, c'est en effet une cavalière accomplie. Dans le désert, elle peut enfin déployer son talent.

Le cheikh était chaque jour plus amoureux. Lorsqu'il la demanda en mariage, elle accepta. Il y eut donc un mariage musulman. Jane menait une existence impensable pour une grande dame de l'aristocratie anglaise. Elle ne fut pourtant jamais aussi heureuse que mariée à un Bédouin musulman, au fin fond du désert, avec autour d'elle, à l'infini, des dunes de sable. Elle se fit à la cuisine locale, aux pilafs, à l'agneau rôti. Elle n'était pas traitée comme une épouse musulmane mais comme une reine, par le cheikh comme par ses Bédouins.

Parfois, elle entraînait le cheikh à Damas, la ville sainte de Syrie ; Alep, au nord, étant la ville internationale et commerciale. Il connaissait la capitale, il y était déjà venu plusieurs fois. Damas était en principe fermée aux étrangers et aux non-musulmans, mais Jane en tant qu'épouse du cheikh y avait ses entrées. À son initiative, il fit bâtir un palais dans un quartier nouveau. De l'extérieur, on ne voyait qu'un grand portail. Un couloir sinueux conduisait les visiteurs à l'intérieur du palais soigneusement dissimulé aux regards de la rue.

En s'avançant, on débouche sur une cour peuplée d'orangers, de buissons fleuris et parfumés où murmurent des fontaines. Au fond de l'*iwan* sont disposés des coussins et des tapis, c'est le salon d'été. Devant, une estrade pour les musiciens est installée. Tout autour, des salons ornés de boiseries fleuries, peu de meubles, des sofas, des coussins, des tables basses portant des plateaux de cuivre, des grands chandeliers de bronze ciselés par les Arméniens à même le sol, des lanternes au plafond. À l'étage, il y a les chambres et puis, dans un coin du patio, un couloir conduit au hammam. Pour les repas, on apporte des plateaux chargés de victuailles dans l'*iwan*. Et le soir, sous la lune et les étoiles, les musiciens traditionnels jouent pour le cheikh et ses invités.

Voilée, la tête bien couverte, Jane sort en ville accompagnée de ses serviteurs et du cheikh. Les souks de Damas l'enchantent, il y a toujours quelque chose à découvrir. Les odeurs, les parfums des épices, les arômes la ravissent. Elle rencontre l'une des plus grandes personnalités musulmanes de la ville : Abd el-Kader, un grand seigneur qui, lors de la conquête de l'Algérie, a combattu intrépidement les Français. C'est lui qui a créé, organisé et dirigé la résistance contre les colons, mais a été vaincu et fait prisonnier. Longtemps enfermé confortablement au château d'Amboise, il a été libéré par Napoléon III et envoyé en exil. Il s'est alors installé à Damas et a suivi deux voies apparemment paradoxales. Il a introduit la franc-maçonnerie en Syrie, et est aussi devenu soufi, c'est-à-dire un philosophe imbibé de spiritualité musulmane. Il écrit des traités remarquables. C'est une grande personnalité de Damas. Il reçoit beaucoup dans son somptueux palais peuplé de ses partisans qui l'ont suivi en exil. Lorsque Jane le rencontre, la sympathie naît immédiatement entre ces deux êtres si différents, mais liés par la qualité et l'envergure. Jane admire cet homme grand, très beau, toujours vêtu de blanc. Trop intelligent et tolérant pour mépriser les femmes, il traite Jane d'égal à égal. La vie de Jane est parfaitement réglée. Elle passe six mois dans le désert, six mois dans le palais de Damas.

Des événements vont déranger cette vie tranquille et merveilleuse. Damas, bien que ville sainte musulmane, comprend une vaste communauté chrétienne depuis le temps des croisades. Or, en cette année 1860, les tensions montent entre musulmans et chrétiens. L'autorité ottomane encourage en sous-main les musulmans. Soudain, la violence éclate. Les musulmans se jettent sur les chrétiens, envahissent leurs maisons et les tuent. Ils pillent, brûlent et ne font pas d'exceptions : femmes, enfants, vieillards, tout le monde est massacré de la façon la plus horrible. Rien ne les arrête. Des incendies partout, des hurlements, des ruisseaux de sang dans les rues. Les Ottomans ne lèvent pas le petit doigt.

Dès le début des massacres, Abd el-Kader descend dans la rue. Il a pourtant été lui-même la victime des conquérants chrétiens qui ont occupé son pays et l'en ont chassé, mais cet homme généreux a depuis longtemps pardonné. Ce sont les chrétiens qu'il vient sauver. Il va droit sur les assassins et tente de les arrêter. Lui et les siens sauvent aussi des dizaines de chrétiens qu'ils abritent dans leur palais. Lady Jane et son cheikh l'imitent. Ils descendent dans la rue avec leurs serviteurs et tâchent de mettre fin aux crimes. Les meurtriers ne s'en prennent pas à Jane, car elle a la *baraka*. Ils la connaissent et savent qu'il ne faut pas s'en prendre à elle, car le malheur s'abattrait sur quiconque l'attaquerait. Son palais est devenu un asile où les rescapés tremblants se serrent les uns contre les autres, pendant que les serviteurs de Jane soignent les blessés. Beaucoup de grands seigneurs musulmans, amis appréciés de Jane et de son cheikh, s'insurgent contre ce massacre d'innocents et protègent à leur tour les victimes. Malgré Abd el-Kader, malgré Jane et son cheikh, les massacres se poursuivent pendant des jours et des jours. L'autorité ottomane finit par intervenir mollement, et alors tout prend fin comme par enchantement.

La vie reprit son cours. Sept mille chrétiens avaient été massacrés. Les survivants retrouvèrent leurs maisons en ruine. Les musulmans firent comme si de rien n'était. Il fallut reconstruire, consoler, soigner. Le désert faisait oublier à Jane ces horreurs. Le désert, ce n'était ni hier, ni aujourd'hui, ni demain. C'était l'éternité. C'était l'espace sans contraintes. Peu avant les émeutes, elle avait reçu en son palais deux jeunes gens qui lui avaient été recommandés et avec qui elle sympathisa. L'aîné, Philippe, était sérieux et profond. Le cadet, Robert, était un boute-en-train. Lui aussi voulait se battre. Il avait du caractère, mais également du charme, de la drôlerie, et il faisait rire Jane. Philippe et Robert partirent juste avant que la situation ne se dégrade totalement. Ce sont mes deux arrière-grands-pères : le comte de Paris et le duc de Chartres.

En 1869, Richard Burton, consul d'Angleterre, arriva à Damas. Tout naturellement, Jane le rencontra. Ce n'était pas un simple diplomate, mais l'un des plus grands explorateurs de tous les temps et un personnage fabuleux. Richard Burton est l'un des premiers non-musulmans à être entré à La Mecque, bien entendu sous un déguisement. Sa vie est tissée d'aventures rocambolesques. Son épouse Isabel n'est pas en reste. Elle l'a suivi dans maintes expéditions. Elle est de taille à lui tenir tête. De plus, Richard Burton est beau, grand, brun, barbu. Entre Jane et les Burton naît une forte amitié. Ils l'apprécient, comprennent qu'elle est faite du même bois qu'eux. Elle aussi est une aventurière, et une grande. Lorsque les Burton rencontrent Abd el-Kader, une grande estime, un profond intérêt les uns pour les autres naît instantanément, Le quatuor étrange formé par Abd el-Kader, Jane Digby, Richard et Isabel Burton est d'une grande complicité. Quant au mari de Jane, il ne participe pas mais est présent. Les conversations entre ces quatre êtres le dépassent, mais il voit que sa Jane est heureuse, qu'elle les apprécie, alors il est heureux pour elle.

Jane a dépassé les soixante-dix ans. Elle est toujours incroyablement séduisante. Couverte de son burnous, les yeux bleus lourdement cernés de khôl, les longues tresses sortant du voile, elle a la grâce, l'élégance et le charisme de toujours. Elle séduit encore, mais n'a d'yeux que pour son cheikh, qui continue à être fou amoureux d'elle. En 1881, elle a atteint ses soixante-quatorze ans et meurt d'une crise cardiaque. Elle était protestante. Le cheikh autorisa donc un enterrement dans le cimetière protestant de Damas. Le malheureux, désespéré, dut subir les rites chrétiens. On l'enferma dans un fiacre et le força à suivre le cercueil à travers les rues de la ville. Il étouffait. Soudain, il s'échappa, courut chez lui, enfourcha son cheval favori et retourna au galop au cimetière. L'enterrement venait de s'achever, le cercueil de Jane était descendu dans la tombe. Alors le cheikh, en hommage, fit sauter son cheval par-dessus. Le pasteur protestant et les assistants en restèrent muets de saisissement. Jane aurait apprécié cet hommage inattendu.

La tombe est une simple croix. Elle existe toujours. Le cheikh, à la pointe de son poignard, y inscrivit une citation du Coran que Jane aurait appréciée. Ainsi mourut et fut enterrée « l'honorable madame Digby el Mezrab, dont la mort fut banale et dont la vie fut tout le contraire ». Elle avait eu la vie dont elle avait rêvé. Elle avait été heureuse et rendu son entourage heureux. Elle est la preuve qu'il est possible de forger son destin.

La famille de Jane existe toujours. Au XXe siècle, elle produisit un personnage qui fut plutôt semblable à son arrière-grand-tante. Pamela Digby était belle, intelligente, dotée d'une énorme personnalité et n'en faisait qu'à sa tête. Elle eut plusieurs maris, dont le fils de Winston Churchill, et de nombreuses aventures avec des messieurs connus. Les vagues du scandale s'abattirent sur elle sans qu'elle s'en soucie le moins du monde. Le président des États-Unis Bill Clinton la nomma ambassadrice à Paris, où je l'ai connue. Chaque fois que nous nous rencontrions, nous parlions de Jane, son ancêtre et mon héroïne. Je lui procurai même une reproduction du portrait de Jane par Haas. Surtout, je la mis en contact avec un ami syrien pour qu'elle puisse financer la restauration du tombeau de son ancêtre dans le cimetière protestant de Damas. Lady Jane aurait été fière de Pamela.

FERDINAND ROI DES DEUX-SICILES

Il re nasone

(1751-1825)

Ferdinand lui aussi est l'un de mes ancêtres chéris, en partie parce qu'il a été très mal jugé par l'histoire. On le disait stupide, ce qu'il était loin d'être, et gratuitement cruel, alors qu'il ne faisait qu'exaucer les vœux de son peuple. On lui reprochait d'être un conservateur impitoyable, alors qu'il a produit des lois d'un progressisme étonnant. C'est un personnage amusant, original et d'une grande personnalité.

En cette seconde moitié du XVIIIe siècle, Naples est devenue la destination préférée du grand tourisme international. Son climat ensoleillé, sa baie splendide, ses couvents baroques et ses palais, ainsi que son aristocratie accueillante, attirent les lords anglais, les nobles français, les princes allemands et les grandes personnalités, Goethe en tête. Les récentes découvertes de Pompéi et les trésors archéologiques qui sortent de terre font accourir les connaisseurs et les curieux.

Le roi de Naples, Charles de Bourbon, est un homme remarquable de tolérance. Il fait régner une paix heureuse. Il encourage l'opéra de San Carlo, qui devient l'un des meilleurs d'Europe. En 1751, lui naît de sa femme Marie-Amélie de Saxe un second fils prénommé Ferdinand. Comme il n'est pas destiné à régner, on ne s'occupera pas beaucoup de son éducation, au contraire. Pour éviter d'avoir un prince cadet trop cultivé et ambitieux, on confie son éducation au duc de San Nicandro, qui a pour principe de ne rien lui apprendre du tout.

Le petit Ferdinand a huit ans lorsque le sort change la donne. À Madrid, les frères aînés du roi de Naples meurent l'un après l'autre. Soudain, Charles de Bourbon se retrouve roi d'Espagne. Il part aussitôt avec son fils aîné, lui aussi nommé Charles, pour assumer son nouveau titre, et abdique la couronne de Naples en faveur de son second fils, le petit Ferdinand. On nomme alors des régents, sans pour autant s'occuper de l'éducation du prince. Ferdinand sera le souverain le plus inculte d'Europe. C'est à peine s'il parle l'italien, et il passera pour stupide parce qu'il s'exprime exclusivement en dialecte napolitain.

Il grandit et atteint l'âge de se marier. Évidemment, on ne le consulte pas. Depuis Madrid, son père choisit pour lui l'une des filles de l'impératrice Marie-Thérèse, la jeune Marie-Caroline d'Autriche. Le ménage semble parfaitement mal assorti. La nouvelle reine est intelligente, cultivée, distinguée, hautaine et autoritaire. Le roi, comme elle le dit elle-même, est un balourd toujours endormi, il s'exprime mal, n'a rien à dire. Elle le considère comme une nullité. Ils produisent tout de même un bon nombre d'enfants.

Le roi atteint sa majorité et règne en personne. Gouverner l'ennuie, il laisse donc faire ses ministres. Très vite, la reine Marie-Caroline en profite et règne à sa place. Elle aime le pouvoir. Le roi fuit autant que possible le magnifique palais royal de Naples qui borde la mer, et passe des semaines entières au palais de Caserte, la plus grande demeure d'Europe. Il a en effet une passion pour la chasse. Il reste des heures à cheval, traquant le gibier plusieurs semaines d'affilée. Il aime aussi prendre une barque et pêcher dans la baie à côté des pêcheurs les plus modestes. Il les hèle de barque en barque en dialecte et engage des dialogues truculents. Il va lui-même vendre bêtes et poissons sur le marché, à côté des *lazzaroni*, les gens du peuple qui y font commerce de leurs produits. Le roi les traite d'égal à égal, et se dispute même avec eux. Bien entendu, il est adoré.

Les fréquentations populaires de son époux déplaisent profondément à la reine. Alors elle se console. Elle a fait venir à Naples un Anglais, John Acton, chargé de réorganiser la marine. L'ambitieux monte en grade et devient Premier ministre grâce à la reine, dont il est devenu l'amant. Mais la reine a des goûts variés. À Naples brillait alors un couple célèbre : l'amiral Nelson, auréolé de ses victoires dans toutes les mers, et lady Hamilton, la femme de l'ambassadeur britannique à la cour de Naples. Cette beauté incomparable avait commencé par faire les beaux jours de nombreux hommes, dont des peintres célèbres tels Lawrence et Reynolds, qui l'ont immortalisée. Elle avait fini par épouser sir William Hamilton, ambassadeur anglais à Naples, qui collectionnait fiévreusement les antiques. L'amiral Nelson était quant à lui tombé fou amoureux de l'ambassadrice. Ils étaient les amants les plus enviés de l'époque. La reine Marie-Caroline tomba amoureuse à son tour, non pas de Nelson, mais de lady Hamilton. Ils formèrent le plus heureux des ménages à trois pendant que l'ambassadeur complétait ses collections et rangeait ses vases grecs.

Le roi Ferdinand n'était pas en reste. Il savait que sa femme le méprisait. Au lieu de s'en attrister, il s'en amusa. En sa présence, il faisait exprès de paraître encore plus bête. Ses goûts le portaient d'ailleurs vers les filles du peuple. Elles défilèrent nombreuses dans ses appartements, à tel point que le cardinal Fabrizio Ruffo, qui appartenait à l'une des plus grandes familles du pays, s'en émut.

Doté d'un immense pouvoir, Ruffo déteste et jalouse le Premier ministre Acton et se veut le mentor du roi. Le cardinal va donc trouver Ferdinand et lui reproche sa vie de patachon avec des créatures viles. Il lui enjoint d'être fidèle à sa femme. En réponse, le roi grogne des paroles incompréhensibles et hoche la tête d'un air furibond. Ses descendants actuels en font autant lorsqu'ils sont contrariés. Le cardinal croit avoir gagné la partie, car le roi l'invite pour plusieurs jours de chasse dans son pavillon du lac Fusaro. Le cardinal accourt. Le premier soir, on lui sert pour souper un faisan magnifique. Très bien. Le lendemain matin, au menu du petit déjeuner, du faisan. Bon. À déjeuner, du faisan. Le soir à dîner, même menu. Quelque chose ne va pas là-dedans. Le lendemain, même chose, et le soir, le cardinal n'en peut plus :

« Mais, Majesté, toujours du faisan ?

– Mais, Éminence, toujours Marie-Caroline ? »

Cependant, dans le ciel serein de l'Europe, les nuages s'accumulent. La Révolution éclate en France, où règne la sœur de Marie-Caroline, la reine Marie-Antoinette. Très vite, les choses empirent. Le beau-frère de la reine, Louis XVI, est jugé et guillotiné. Quelques mois plus tard, c'est au tour de Marie-Antoinette de subir le même sort. Marie-Caroline hurle de douleur et de rage. Elle jure de se venger. Nuit et jour, elle complote contre la France. Elle participe à un réseau d'espionnage dirigé contre la Révolution avec Catherine II de Russie et Gustave III de Suède. Elle déborde d'activité.

Le roi, lui, ne change pas ses habitudes. Comme il n'ose pas trop se brouiller avec la France, il manifeste sa désapprobation d'une façon originale. Il a pris l'habitude de recevoir les ambassadeurs des puissances assis sur sa chaise percée et de manifester ses préférences par ses flatulences. Reçoit-il l'ambassadeur d'Angleterre, les flatulences royales sont légères comme de petites détonations. En présence de l'ambassadeur de France, il délivre les pets les plus bruyants et puants qu'il puisse produire.

En France, la Révolution se termine avec le 9 thermidor et la chute de Robespierre. Le Directoire lui succède, mais, pour le royaume de Naples, c'est toujours la Révolution. Les relations n'ont cessé de se détériorer entre les deux États. La France envoie contre Naples une armée commandée par le général Jean-Étienne Championnet. Ce dernier a pour mission d'abolir la monarchie et de fonder la République parthénopéenne. Heureusement, la flotte anglaise de Nelson accueille la famille royale qui s'enfuit en Sicile. Les Français entrent dans Naples. Ils sont aussitôt détestés par le peuple, mais bien accueillis par l'intelligentsia libérale composée de la bourgeoisie et d'une grande partie de la noblesse. Toute l'élite cultivée du royaume considérait en effet le roi Ferdinand comme un dégénéré rétrograde et voyait dans les envahisseurs leurs libérateurs. Le clergé, lui, restait fermement opposé à ces Français athées.

Arrive la fête de saint Janvier, la grande cérémonie annuelle de la ville qui a lieu dans la cathédrale. Selon une tradition plusieurs fois séculaire, on sort de leurs reliquaires deux ampoules de verre contenant le sang séché de saint Janvier, martyr. Le prêtre présente les ampoules à la foule et attend. Le miracle veut que le sang se liquéfie une fois de plus et se mette à bouillir. Parfois, le miracle n'a pas lieu. Pour la population superstitieuse, c'est signe de grand malheur.

Ce jour-là, une foule immense a envahi la cathédrale. Le général Championnet est présent, il trône à côté du cardinal-archevêque. On apporte les ampoules saintes, rien. Le temps passe et la foule commence à murmurer. Puis elle s'en prend à l'occupant responsable de ce signe de malheur : « *I francesi ! I francesi !* » entend-on de plus en plus fort. Le général Championnet s'approche du trône de l'archevêque et lui glisse à l'oreille : « Votre Éminence, si le sang ne se met pas à bouillir dans deux minutes, je vous fais fusiller. » Et le miracle se fit, le sang se liquéfia et se mit à bouillir. La foule se calma.

Le peuple n'en aima pas pour autant les Français. Il était attaché à son roi, à ses traditions. Le cardinal Ruffo prit la tête de la résistance. Il enleva sa *capamania*[1], prit

1. Long manteau de soie rouge qui couvre les épaules des cardinaux lors des grandes cérémonies.

son épée et partit en guerre contre l'occupant. Il était partout à la fois et faisait feu de tout bois. Il s'aboucha même avec Fra Diavolo, le plus redoutable des bandits du royaume, dont il fit un maquisard patriote. Il fit si bien que, sans armée régulière mais avec le soutien inconditionnel du peuple, le cardinal chassa l'occupant et entra dans Naples libérée. Le roi et sa famille n'eurent plus qu'à rentrer. Bientôt, le navire amiral de Nelson entra dans la baie de Naples. Par prudence, le roi ne se dépêcha pas de débarquer.

Nelson commit alors une ignominie contraire à tous les principes de la marine. Il fit arrêter l'amiral-prince Caracciolo, qui avait pris parti pour l'occupant. Il le fit pendre à la vergue de son navire, puis on jeta le cadavre à la mer. Le roi laissa faire. Quelques jours plus tard, il était à la fenêtre de sa cabine lorsqu'il observa un phénomène étrange : la mer avait ramené à la surface le cadavre de Caracciolo, probablement poussé par une vague. Il semblait lever le bras dans sa direction. Ferdinand poussa des hurlements et s'enfuit, terrorisé.

Pendant ce temps, la répression la plus impitoyable sévissait à Naples. Le cardinal Ruffo y était opposé, mais le ministre Acton l'encourageait et l'organisait. Tous les soutiens des Français furent arrêtés, jugés expéditivement et pendus. Le jeune, beau et intelligent prince de Serra fut condamné à mort à l'âge de dix-sept ans. La charrette qui l'emmenait à l'échafaud passa par le grand portail du palais Serra, que le duc fit fermer ensuite à tout jamais. Des intellectuelles comme Eleonora Pimentel, remarquable femme de lettres, et la comtesse San Felice, héroïne d'un roman d'Alexandre Dumas, furent elles aussi pendues.

Ferdinand laissait faire. Il connaissait son peuple mieux que personne. Il n'éprouvait pas de ressentiment envers ses compatriotes qui avaient pris le parti des Français, mais il lui fallait apaiser le peuple vengeur. Les libéraux avaient profité de la présence française pour écraser le peuple d'impôts. Ferdinand savait que pour être populaire, un roi devait appliquer les trois F : *feste*, *farine*, *forque*, les fêtes, la farine et les fourches (où l'on pendait les condamnés).

Le peuple retrouva avec joie son roi. Il n'avait jamais été beau, mais avec le temps, il avait franchement enlaidi. Son nez semblait avoir grossi et allongé. Son appendice lui valut le surnom affectueux de *re Nasone*, « le roi grand nez ». Il fonda le premier musée minéralogique d'Italie. Sa femme et lui s'intéressèrent aux fouilles de Pompéi et d'Herculanum. La reine reçut en cadeau une mosaïque romaine représentant un oiseau, qu'elle fit enchâsser dans une table d'acajou et de bronze doré. Je l'ai souvent vue au Portugal, chez mon oncle le comte de Paris. C'était l'un des objets de la maison que j'admirais le plus, avec les boucles d'oreilles ornées d'énormes perles entourées de diamants, héritées de la reine Marie-Caroline, que portait ma tante.

Les Français ne pardonnèrent pas à Ferdinand. Lorsque Napoléon prit le pouvoir, son regard se tourna vers le royaume de Naples. En 1805, l'armée française l'envahit à nouveau. La famille royale fuit vers la Sicile, et Napoléon dépêcha son frère Joseph, pour régner sur Naples. Fra Diavolo reprit du service, mais cette fois, les Français étaient beaucoup plus forts. Un général français, père de Victor Hugo, fit fusiller Fra Diavolo. S'étant assuré le royaume de Naples, Napoléon envahit l'Espagne et installa Joseph sur le trône. À Naples, Joachim Murat, le beau-frère de Napoléon, époux de sa sœur Caroline, prit sa place.

En Sicile, le roi, la reine et la famille royale s'installèrent dans l'ancien palais des rois normands, une splendeur que Marie-Caroline n'appréciait pas. Elle détestait le climat et haïssait la Sicile. Ferdinand l'aimait au contraire profondément. Il y garda ses habitudes : il chassait, pêchait, parlait aux *lazzaroni*. Ni lui ni la reine n'avaient de pouvoir, c'était Lord Bentick qui gouvernait, une sorte de proconsul, comme les Anglais ont su en fabriquer au cours des âges pour dominer d'une poigne de fer des pays soi-disant alliés, mais en réalité colonisés. Pour l'Angleterre, qui menait une lutte à mort contre Napoléon, la Sicile avait une importance stratégique. Hors de question de la laisser entre les mains de Ferdinand et Marie-Caroline.

Pour se distraire, la reine fit construire à la porte de Palerme la *Palazzina Cinese*, « le petit palais chinois », l'une des plus exquises merveilles de l'île. C'est une grande villa ornée de fresques exquises, un bijou resté quasi intact. Mais cela ne lui suffisait pas, elle ne pouvait faire taire sa nature. En sous-main, elle continuait à intriguer. L'ennemi, c'était bien sûr Napoléon, mais aussi l'Anglais qui agissait en maître dans son royaume. Lorsque Bentick apprit les manigances de la reine, il l'expulsa.

Marie-Caroline retourna en Autriche. Il lui fallut des mois pour arriver à destination. Elle arriva à Vienne presque en même temps que d'autres réfugiés : la petite-fille de Marie-Caroline, l'impératrice Marie-Louise, la femme de Napoléon, ainsi que leur fils, le petit Napoléon. Marie-Caroline avait désapprouvé fermement ce mariage. Désormais, Marie-Louise était une réfugiée sans couronne. Marie-Caroline était curieuse de connaître son arrière-petit-fils, « le fils du diable », comme elle appelait le roi de Rome devenu duc de Reichstadt. Une attaque au cœur la fit mourir la veille du jour où elle devait le rencontrer.

Le roi Ferdinand n'avait pas vu partir son épouse avec grand regret. Cela lui permit de produire au grand jour sa maîtresse, Lucia Migliaccio, une veuve de la grande aristocratie dont il était épris depuis longtemps. La nouvelle de la mort de son épouse le libéra définitivement. Cinquante jours après, il épousait sa chère Lucia. C'était un temps de deuil bien court, même pour une épouse détestée. Lucia n'était pas devenue la maîtresse puis l'épouse du roi par intérêt. Elle avait eu l'intelligence de le comprendre. Sous son apparence, elle avait deviné la personnalité, l'intelligence et la bonté de Ferdinand. Elle l'aimait, le soutenait, l'encourageait. Il était heureux avec elle.

Le règne de Napoléon s'acheva. Pour garder le trône de Naples, Murat n'hésita pas à tenter sa chance du côté de l'Autriche qui, sans honte, accepta de traiter avec lui. Pendant plusieurs mois, Murat joua sur les deux tableaux, tantôt soutien de Napoléon, tantôt allié de l'Autriche. Cette attitude indigne ne le servit pas. Il finit chassé du trône, qu'il tenta ensuite de reprendre. Avec une poignée de partisans, il débarqua à Pizzo, un petit port de Calabre. La population se dressa instantanément contre lui, et il fut arrêté, jugé et fusillé.

Une légende affirme qu'on décapita son cadavre et qu'on apporta sa tête au roi Ferdinand. Celui-ci, enchanté de contempler les restes de son ennemi mortel, la fit mettre dans un bocal d'alcool et enfermer dans un placard de son bureau. Chaque fois qu'il était déprimé, il contemplait longuement la relique de son ennemi, ce qui le mettait d'excellente humeur. Ferdinand, les Français partis, était de nouveau rentré à Naples. Ce deuxième retour avait été beaucoup plus paisible que le premier. L'aristocratie et la grande bourgeoisie avaient compris la leçon. Joseph puis Murat n'avaient pas convaincu les partisans de la liberté. Il y eut peu de condamnations. Le congrès de Vienne rendit à Ferdinand l'intégralité de son royaume. Alors, il fit d'importantes réformes. Lui, le conservateur acharné conserva le Code Napoléon que les Français avaient apporté à Naples, à l'exception des chapitres concernant le divorce. Il prit des initiatives extraordinaires bien que mal connues. En particulier, il publia une loi interdisant les mariages forcés, ce qui était révolutionnaire dans une société méditerranéenne.

Il multiplia les lois pour donner des avantages au peuple et lutter contre la misère. Il agrandit l'Albergo dei Poveri construit par son père et ouvrit nombre d'asiles, de soupes populaires et d'institutions charitables. Il empêchait les grands propriétaires d'opprimer et d'exploiter le peuple. En même temps, il s'intéressait aux sciences et aux découvertes archéologiques, car il savait qu'elles exerçaient un puissant attrait sur les riches étrangers qui viendraient dépenser leur argent à Naples.

Le roi Ferdinand avait fait venir son épouse Lucia à Naples. Il la titra duchesse de Floridia, puis lui offrit la splendide villa La Floridiana, qui est aujourd'hui encore l'un des plus beaux palais de la ville. Il ne pouvait la quitter un instant. Parfois, tout de même, il allait à l'opéra sans elle, mais il s'ennuyait. Pendant l'entracte, il se plaçait à l'avant de sa loge et faisait apporter un plat de macaronis. L'assemblée se levait alors et se tournait vers la loge royale. Le roi dévorait son plat de macaronis avec une maestria qui remplissait les spectateurs d'admiration. Ils applaudissaient à tout rompre. Le roi était enchanté. Un soir où il ne put aller à l'opéra, il écrivit à sa femme adorée ce court billet : « *Cara* Lucia, ce soir je n'ai pas pu aller à l'opéra parce que j'avais la colique. » Cette confession poétique était pour lui l'expression du comble de la passion.

Le roi Ferdinand, les ans passant, ne perdit pas la lucidité qui l'avait toujours servi. Il présidait le conseil des ministres avec son fils le prince héritier. Un jour, on devait y décider des nouveaux uniformes de l'armée napolitaine et le roi s'ennuyait à mourir. Il ne rêvait que de partir à la chasse. La discussion s'éternisait, chacun proposant un nouveau détail. À la fin, n'en pouvant plus, le roi interrompit ses ministres avec cette phrase : « Habillez-les de vert, habillez-les de rouge, ils foutront toujours le camp. »

Si le malheureux Ferdinand croyait avoir la paix, il se trompait grandement. Les Français, avec leur Révolution, avaient répandu en Europe des ferments dangereux. Dans les années 1820, ceux-ci conduisirent des libéraux révolutionnaires à fonder une société secrète, les *carbonari*. Ils voulaient abolir l'absolutisme et le remplacer par une véritable démocratie, et ils récoltèrent des adhérents parmi les gens du peuple.

Soudainement, le royaume entier se souleva. Non seulement Naples, la Calabre et les Pouilles, mais aussi la Sicile. Ferdinand, surpris, n'eut pas le temps de réagir. Il fut forcé d'accepter une constitution qu'il jura de respecter. Mais l'Autriche qui, depuis son soutien à Murat, était revenue à de meilleurs sentiments, ne put accepter ce succès révolutionnaire. Elle envoya des troupes qui, rapidement, remirent de l'ordre. Les révolutionnaires furent battus, leurs chefs pendus et le roi Ferdinand finit sa vie comme il l'avait commencée, en roi absolu.

Nous sommes le 4 janvier 1825. Le roi Ferdinand a soixante-treize ans. Il a reçu la veille au palais un archéologue très réputé, Andrea de Jorio. Cet expert est aussi connu pour ses trouvailles que pour la rumeur qu'il charrie : on l'accuse de porter partout le mauvais œil. Dès son arrivée, les courtisans murmurent. Et le lendemain, Ferdinand meurt brusquement, probablement d'une attaque.

La postérité n'a pas été généreuse, ni avec Ferdinand Ier ni avec son petit-fils Ferdinand II, surnommé *il re bomba*, « le roi bombe », parce qu'il aurait fait tirer à boulets de canon sur son peuple. Elle accusa les deux souverains de tous les péchés d'un conservatisme outrancier et cruel. La franc-maçonnerie, qui œuvrait en sous-main pour l'unité de l'Italie sous la dynastie des Savoies, n'y était sans doute pas pour rien dans ces rumeurs détestables. Récemment, j'ai constaté un changement chez les Napolitains cultivés, les érudits, les historiens. Ils découvrent Ferdinand I et Ferdinand II sous leur véritable visage, c'est-à-dire des patriotes, des défenseurs de l'indépendance de leur royaume, des réformateurs en avance sur leur époque.

Mais le mot de la fin, c'est Ciro Palladino qui l'a eu. Un soir à Naples, sortant de mon hôtel, j'avais pris le premier taxi venu et donné une adresse à Posillipo :

« Ah, me dit le chauffeur, vous allez chez la baronne Barraco !

– Oui, bien sûr, mais comment le savez-vous ?

– Parce qu'elle a créé une fondation pour la conservation des monuments de Naples, dont je fais partie. »

Du coup, je m'intéressai au chauffeur, Ciro Palladino, et à ses connaissances. Elles étaient inépuisables, sur toute la ville, sur toutes les familles, sur tous les monuments de Naples. Durant mon séjour et les suivants, je ne le lâchai pas. Chaque fois, je lui demandais : « Montrez-moi quelque chose d'inédit, Ciro ! », et toujours c'était une église sublime, un couvent somptueux, un palais fabuleux que bien peu de gens connaissaient. Le clou fut la visite qu'il me fit faire à l'Albergo dei Poveri. C'est le plus grand bâtiment de la ville, édifié au XVIIIe siècle par le roi Charles III, le père de Ferdinand.

Et Ciro de remarquer : « Regardez, Altesse, le roi a fait pour les pauvres un palais bien plus grand que le sien. » Puis, il devint pensif et ajouta cette phrase magnifique : *Noy aviamo ancora la mentalita borbonica.* « Nous avons encore la mentalité bourbonienne », c'est-à-dire celle de la dynastie qui avait donné Charles III, Ferdinand I et Ferdinand II.

CHAJAR AD-DURR
Ou la prodigieuse ascension d'une esclave Arménienne

(?-1257)

Mes amis et moi déjeunions chez Chahira. Cette érudite égyptienne d'une grande famille musulmane gardait la tradition d'une hospitalité et d'une cuisine merveilleuses. Elle nous recevait dans un patio orné de splendides restes de l'Antiquité, de moucharabiehs mystérieux et de beaux tapis. On apporta le dessert. C'était une sorte de pudding au lait et au miel aussi simple que délicieux. Je m'en régalai.

« Comment s'appelle ce chef-d'œuvre ?

– Om Ali, me répondit-elle, il a été inventé pour fêter un assassinat.

– Récemment ? demandai-je effrayé.

– Non, au XIIIe siècle. »

Ma curiosité fut embrasée, et Chahira sut la satisfaire. C'est ainsi que je découvris Chajar ad-Durr.

Nous sommes aux alentours de 1238, à Kayfa. Cette ville, qui s'étend au bord du Tigre, est dominée par une forteresse qui sert de résidence au prince Al-Salih. Son père, le sultan Malik Al-Kamil, l'y a envoyé en exil. Le sultan appartient à la dynastie d'origine kurde des Ayyoubides qui, en plusieurs générations, ont mis la main sur la Syrie, la Palestine, une partie de l'Arabie et surtout l'Égypte.

J'apprécie Al-Kamil parce qu'il était l'ami de mon héros, l'empereur Frédéric II. Ce dernier, souverain de l'Allemagne, détestait son pays, ses habitants, son climat. Il n'aimait que le sud de l'Italie, qu'il possédait aussi. Palerme était devenue sa capitale. Pour lui, il n'y avait que la Méditerranée, le soleil, la chaleur et la civilisation arabe. Il était conscient du fait que les Arabes étaient cent fois plus civilisés que les Européens, qu'ils avaient atteint un niveau extraordinaire dans les arts, les sciences, la philosophie et la poésie. Frédéric II vivait à la musulmane, il avait un harem en son merveilleux palais de Palerme. C'était aussi un homme épris d'ésotérisme, qui construisit selon les principes de l'architecture magique l'extraordinaire forteresse de Castel del Monte dans les Pouilles.

Seulement voilà, le pape Grégoire l'ennuyait matin et soir pour qu'il se croise et reprenne Jérusalem aux infidèles. Frédéric II n'avait aucune envie de se battre pour reprendre la vraie croix. Il était tolérant et avait créé sa propre religion. Grégoire se faisait tellement insistant qu'il finit par excommunier Frédéric. Celui-ci se sentit alors obligé de partir en croisade. Cependant, il la fit à sa façon. Au lieu de débarquer des guerriers, de batailler, de s'emparer des villes et des forteresses, de massacrer les musulmans, il écrivit au sultan Malik Al-Kamil, qui connaissait son existence, et celui-ci accourut pour une rencontre amicale.

Le sultan de l'Égypte et l'empereur du Saint Empire romain germanique s'entendirent comme larrons en foire. Pendant des semaines, ils se retrouvèrent pour discuter de poésie, de mathématiques, de sciences et de métaphysique. À la fin, il fallut tout de même s'occuper de Jérusalem. « Vous la voulez, lui dit le sultan, eh bien prenez-la, je vous la donne. » Ils signèrent un traité en bonne et due forme qui faisait revenir la ville sainte dans le giron du christianisme. Chacun rentra chez soi enchanté de cette rencontre et de cette issue. Tous les deux étaient aussi pacifistes et ouverts l'un que l'autre. Frédéric retourna en Europe.

« Vous êtes content ? dit-il au pape

– Pas du tout, vous n'avez pas massacré de musulmans. »

Il maintint son excommunication.

Pourquoi le sultan Malik Al-Kamil exila-t-il son fils aîné Al-Salih ? Sincèrement, je n'en sais rien. Le jeune homme habitait depuis six ans sur les bords du Tigre et n'avait pas une vie malheureuse. Il avait un harem qu'il complétait constamment. Un jour, il se rendit au marché aux esclaves et repéra tout de suite une ravissante jeune fille. Toutes étaient belles, bien sûr, mais celle-là avait quelque chose de particulier, une sorte de flamme, une personnalité étonnante. Elle était Arménienne et, comme toutes ses compagnes de malheur, avait été enlevée par les troupes musulmanes pour être asservie. Les autres étaient des Circassiennes et des Géorgiennes. Le marchand leur avait ordonné de baisser les yeux par modestie. Mais, lorsqu'ils ne la regardaient pas, l'Arménienne levait les yeux sur les acheteurs qui se pressaient autour de l'estrade. Elle avait tout de suite repéré Al-Salih. Elle avait remarqué qu'il était beau et qu'il semblait avoir beaucoup de personnalité. Ses riches vêtements, ses armes incrustées de pierreries prouvaient que c'était un grand seigneur. Son regard croisa le sien. Elle avait de grands yeux bruns, la peau mate, une allure de reine. Au regard qu'elle lui lança, elle vit les yeux du prince s'allumer. Il esquissa un sourire. Les enchères montèrent vite et haut. Al-Salih l'emporta. La jeune fille comprit qu'il était décidé à l'acheter à n'importe quel prix. Il la ramena dans la forteresse où il était cantonné et l'installa dans son harem.

L'Arménienne savait depuis l'enfance qu'un destin exceptionnel l'attendait. Elle venait d'une famille très pauvre dont elle rêvait de s'échapper. Lorsque les Arabes razzièrent son village, volèrent, brûlèrent et les emmenèrent, elles et ses compagnes, en esclavage, elle sut que tout commençait. Elle avait seize, dix-sept ans.

Il n'y avait pas beaucoup de femmes dans le harem d'Al-Salih. Elle les regarda sans curiosité. Elle savait qu'elle ne resterait pas longtemps parmi elles. Effectivement dès la première nuit, Al-Salih, le fils du sultan d'Égypte, la fit venir dans le *selamlik*, la partie du palais réservée aux hommes. Il la déflora. Ils passèrent une nuit d'amour. Nue, elle était d'une telle beauté qu'il la surnomma « l'arbre de pierres précieuses », *Chajar ad-Durr*. Le prince continua à convoquer ses autres femmes, mais de plus en plus souvent, c'était Chajar ad-Durr qui passait la nuit avec lui. Il découvrit son intelligence, la force inouïe de son caractère, la rapidité de sa décision, sa détermination, son audace, son courage. Dès la première nuit, ils avaient commencé à dialoguer. Elle n'avait reçu aucune culture, mais elle avait passé son enfance à observer. Elle avait réfléchi. Elle devint la favorite. Il l'éduqua, lui fit donner des leçons. Elle lui en fut reconnaissante. Elle apprit à lire, à écrire. Il lui fit lire de la poésie, de la théologie, de l'histoire, l'initiant à ces sciences. Toutes les nuits, c'était elle qui était convoquée au *selamlik*. Chaque jour, il était encore un peu plus conquis.

Un beau jour, un courrier arriva à Kayfa. Là-bas au Caire, le sultan Malik Al-Kamil était mort. Son fils aîné Al-Salih était désormais le souverain de l'Égypte, de la Syrie et d'une grande partie du Moyen-Orient. Il fallait partir immédiatement pour Le Caire et faire venir Chajar ad-Durr.

« Je t'emmène.

– Mais, ton harem ?

– Je laisse derrière moi mes femmes, mes enfants. Je n'emmène que toi. »

L'immense caravane s'étire à travers le désert. Le nouveau sultan Al-Salih est à cheval. Chajar est hissée dans un palanquin sur le dos d'un chameau. Pense-t-elle à son extraordinaire ascension ? D'esclave chrétienne kidnappée, la voilà favorite du sultan d'Égypte. Elle accepte ce sort inattendu. Peut-être le trouve-t-elle naturel, car elle se sait capable de grandes choses.

Au bout de plusieurs semaines de voyage, Chajar découvre la capitale de l'Empire ayyoubide. Le Caire est une des plus vastes, des plus peuplées et des plus belles villes de l'époque. Des siècles auparavant, le sultan Ibn Touloun a bâti la gigantesque mosquée portant son nom et reste l'un des plus beaux monuments de la ville. Pureté, sobriété, grandeur, poésie et perfection sont les termes qui s'appliquent à l'architecture musulmane du Caire. Partout des mosquées plus belles les unes que les autres, des palais somptueux, des merdesa, des écoles ; partout des bazars, des rues bien entretenues ; à chaque coin des sebils, les fontaines qui signalent des fondations pieuses. Les mosquées sont ornées, en guise de créneaux, d'un motif qui se reproduit indéfiniment et qu'on ne trouve nulle part ailleurs. Il a été inventé par des architectes arabes du Caire. C'est la fleur de lys, dont on murmure qu'un roi de France croisé la rapporta pour en orner ses armoiries. Jusqu'alors, le drapeau de la monarchie française était un drapeau rouge.

La ville est dominée par la citadelle. Le palais qu'habite Chajar témoigne de tous les raffinements de la civilisation égyptienne. Les cours se suivent, les salles somptueuses aux boiseries multicolores s'ornent de fontaines de marbre qui rafraîchissent l'atmosphère. Des jardins de rêve s'étendent autour. La cuisine égyptienne atteint des raffinements qui la font demeurer encore de nos jours la plus parfaite de la région. Le sultan installe somptueusement sa favorite. Elle dispose d'un vaste appartement et possède désormais ses propres esclaves. Son amant la couvre de bijoux, de soieries, d'étoffes brodées. Ses moindres souhaits sont exaucés. Pendant dix ans, le sultan Al-Salih et Chajar ad-Durr vont vivre une véritable histoire d'amour. Il règne, mais la consulte en tout. Du fond du harem, elle se renseigne, le conseille, l'oriente. Sans y toucher, elle gagne chaque jour un peu plus de pouvoir, mais surtout, il l'aime et elle l'aime. Petit à petit, leur collaboration s'étend. Al-Salih lui permet de rencontrer ses généraux et ses ministres. Elle les impressionne tous par son bon sens, l'intelligence de ses remarques, la profondeur de ses avis.

Début 1249, le sultan Al-Salih dut se rendre à Damas. Chajar resta au Caire. Une lettre de l'empereur Frédéric II arriva au palais. Il annonçait à Al-Salih, fils de son grand ami Al-Kamil, que le roi de France Louis IX, futur Saint Louis, préparait une croisade contre l'Égypte. L'empereur, fidèle à ses amitiés, n'avait pas hésité à prévenir son ami arabe et musulman.

Chajar envoya immédiatement un message à Damas, mais, sans attendre, elle sortit du harem et convoqua les principaux généraux. Elle leur annonça la nouvelle et les chargea d'organiser la défense du pays sous sa direction. Elle se révéla une véritable stratège. Avec l'appui des généraux, elle fit racheter mille jeunes esclaves turcs qu'elle entraîna à se battre. Pas un général ne protesta contre son ingérence ; au contraire, tous opinèrent, acquiescèrent et l'admirèrent. C'était unique : une femme musulmane sortait du confinement du harem pour donner des ordres à des hommes, des militaires. Le comble, c'était qu'ils se laissaient faire.

Mais le printemps arrivé, voici que sous les murs du port de Damiette apparaissent mille huit cents navires français. Les troupes débarquent avec le roi Louis à leur tête. La garnison envoie des recrues qui se battent dans l'eau, mais le combat dure peu, toute résistance est inutile. Les Français s'emparent de Damiette, l'un des plus grands ports d'Égypte. De là, ils se mettent en route vers Le Caire. Le sultan Al-Salih est rentré au plus vite. Chajar a un choc : en quelques semaines, son amant a changé d'aspect. Il n'avait jamais parlé de sa maladie à sa femme, mais ses eunuques le lui avouent finalement. Sans lui dire précisément de quoi il souffre, ils en décrivent les symptômes. Al-Salih a maigri, il est pâle, crache du sang, il est faible et tousse à fendre l'âme. Chajar consulte ses médecins et comprend qu'il s'agit de la tuberculose, mais ne sait pas à quel point la maladie est avancée.

Entre les Français et Le Caire se dresse encore la grande ville de Mansourah. Les Français doivent la prendre pour continuer leur avancée. Chajar avait supplié Al-Salih de rester au Caire pour se faire soigner et de déléguer à Baybars, un des généraux qu'elle avait repéré et trouvait particulièrement doué, la tâche de les arrêter. Mais Al-Salih ne veut rien entendre. Son devoir est de conduire son armée et de battre les envahisseurs. Trop faible pour monter à cheval, c'est en litière qu'on le porte jusqu'à Mansourah.

Les Français assiègent la ville. L'armée égyptienne installe son campement. Dans sa tente, où personne ne pénètre que ses plus proches, le sultan va de plus en plus mal. Sa faiblesse s'aggrave à chaque instant. Il ne parvient même plus à se lever et reste couché. Pendant plusieurs jours, il agonise dans les bras de Chajar. Côté français, cela ne va pas mieux. Le scorbut et la dysenterie se sont abattus sur les croisés et en déciment un nombre impressionnant. Le découragement s'installe chez eux.

Et Al-Salih s'éteint. Il meurt en regardant Chajar, le sourire aux lèvres. Elle a retenu ses larmes, s'eforçant à sourire. Ils s'étaient profondément aimés. Il n'y avait jamais eu de distance ni de secret entre eux. Il avait eu la force de lui recommander de ne pas se laisser aller au chagrin et de s'inspirer de son souvenir pour organiser la suite. Elle ne perd pas un instant la tête.

Elle convoque les généraux et, auprès du cadavre, leur enjoint de garder le silence sur la mort du sultan.

Chajar avait désigné Baybars pour devenir le chef de l'armée. C'était un mamelouk, appartenant à un corps d'élite de l'armée égyptienne formé exclusivement d'enfants chrétiens enlevés dans leur jeune âge, entraînés dans des camps, évalués pendant des années et formés à la dure pour en faire d'invincibles guerriers. Ils étaient devenus puissants et formaient une classe dirigeante qui regardait de plus en plus près les événements. Chajar annonça que le sultan était trop malade pour recevoir des visiteurs. Ses domestiques continuaient à préparer des repas qu'ils apportaient dans sa tente. Al-Salih avait laissé des documents qui permirent à Chajar et aux généraux de donner des ordres et d'obtenir la fidélité de l'armée. Chajar était devenue le souverain secret de l'Égypte.

Baybars réunit ses troupes. Avec la bénédiction du sultan, leur maître « légèrement indisposé », ils partirent à l'attaque des Français et les écrasèrent. Ils tuèrent la fine fleur de la chevalerie et firent prisonnier le roi Louis IX en personne. Chajar ne voulut pas le rencontrer. Elle ne souhaitait pas qu'il sache qu'une femme dirigeait les généraux qui l'avaient vaincu. Mais elle ordonna qu'il soit bien traité, entouré de tout le confort possible et honoré du respect qui lui était dû. Comme les généraux lui parlaient du roi de France, elle comprit que le roi Louis était une personnalité exceptionnelle, un grand mystique, mais aussi un politique et un penseur, quoique piètre militaire. Il aimait son royaume. Il aimait ses sujets. Il voulait leur bien.

Alors, se demandait-elle, pourquoi diable s'était-il engagé dans cette croisade ?

Chajar ad-Durr se retrouve face à Baybars, le vainqueur. Grand, il a la peau pâle et les petits yeux rusés, il vient de l'Oural. Il a été enlevé tout jeune, puis vendu plusieurs fois sur divers marchés. Son dernier propriétaire, un Égyptien du Caire, a été arrêté et ses biens saisis. Baybars l'esclave est devenu propriété du sultan Al-Salih. Il a été versé dans le corps des mamelouks. Son courage, sa détermination, son sens de l'initiative lui on fait gagner rapidement des galons, et il est devenu l'un des principaux généraux mamelouks. Il soutient à fond Chajar. Tous deux décident qu'on ne peut pas garder la nouvelle de la mort du sultan plus longtemps. La victoire rend le secret inutile. Ils l'annoncent à l'armée et envoient une délégation chercher l'héritier légitime, le prince Tûrân Shâh, le fils que le défunt sultan a eu de l'une de ses femmes avant de connaître Chajar.

En attendant l'arrivée de l'héritier, qui occupait un poste lointain, Baybars et les mamelouks consolident leur victoire. Ils sont rentrés au Caire une fois les Français chassés. Le roi Louis est enfermé au palais du sultan. Il montre une dignité et un courage qui impressionnent ses ennemis. Ceux-ci demandent pour le libérer une rançon de quatre-cent mille besants d'or. La femme du roi Louis, la reine Marguerite, restée sur les navires de la flotte en face de Damiette, montre une personnalité et une détermination extraordinaires. En quelques semaines, elle emprunte la somme aux Templiers. Pendant ce temps, le roi son mari fait connaissance avec ce monde musulman qu'il ignore. Il a de profondes discussions avec les généraux mamelouks. Il découvre la bibliothèque de feu le sultan Al-Salih. La plupart sont des manuscrits ayant trait à l'islam. Le roi Louis abhorre cette religion d'infidèles, mais il est curieux, il s'informe. Il se familiarise avec ce monde si étranger et, surtout, garde l'idée de constituer à son retour en France une importante bibliothèque de manuscrits chrétiens. La rançon ayant été versée, Chajar est heureuse de libérer le roi Louis. Il n'a plus qu'à rembarquer avec ce qu'il reste de son armée. C'est la fin de la septième croisade.

Le nouveau sultan Tûrân est arrivé au Caire. Chajar le connaissait à peine, car Al-Salih l'avait toujours envoyé dans des postes lointains. Elle le jaugea. Il était bête, méchant, vindicatif et perfide. Un désastre. Son père le savait. Tûrân Shâh en voulait à tout le monde. Il accumula les erreurs, étala sa malveillance, se mit à dos ses conseillers et ses sujets. Il éloigna les généraux mamelouks et mit à leur place ses favoris. Il punit injustement les uns, récompensa les autres de leurs injustices. Enfin, il s'en prit à Chajar, à qui il devait pourtant le trône, et exigea qu'elle lui rende les propriétés que son père lui avait données.

Alors, c'en fut trop. Chajar reçut Baybars en secret. Celui-ci lui annonça que les généraux en avaient assez de Tûrân : cet imbécile allait ruiner le pays et le conduire à sa perte. Il fallait l'éliminer. Chajar leur donna son consentement. Tûrân Shâh avait décidé de donner un grand banquet pour fêter la victoire sur les croisés. La fête aurait lieu dans un campement en dehors de la ville, non loin du Nil. La table était dressée sous une tente somptueusement décorée. Tûrân n'avait invité que ses amis, ses partisans ; aucun mamelouk n'était convié et Chajar était ignorée. Cette nuit-là, elle resta cloîtrée dans ses appartements, mais des estafettes vinrent régulièrement l'informer des événements. Le banquet tirait à sa fin, les libations étaient nombreuses. Tûrân triomphait. Pas pour longtemps.

Un groupe de mamelouks dirigé par Baybars fit irruption et l'attaqua. Il sortit son sabre et se battit énergiquement. Ses assaillants lui coupèrent plusieurs doigts. Il réussit à s'enfuir et se réfugia dans une tour de bois qui s'élevait dans le champ où avait lieu le banquet. Ses assaillants incendièrent l'édifice. Il se jeta du sommet de la tour et courut vers le Nil. Il y trouva une barque, largua les amarres et se mit à ramer, tâchant de s'éloigner au plus vite du rivage. Les mamelouks lancèrent des flèches. Tûrân, pour y échapper, plongea dans l'eau, mais il ne savait pas nager. Tant bien que mal, il reprit pied et se rapprocha du rivage. Les mamelouks n'arrivaient pas à l'atteindre, alors Baybars lui-même entra dans l'eau jusqu'à mi-corps, se saisit de Tûrân Shâh et finit par le tuer avec son sabre. Ainsi s'acheva la dynastie ayyoubide initiée par le fabuleux Saladin, l'un des plus grands souverains de l'Islam et un merveilleux héros.

Tûrân n'ayant pas de descendant, il fallut trouver un nouveau sultan pour l'Égypte. Les mamelouks se réunirent pour en discuter. Ce fut Baybars qui proposa la solution. Tous s'accordèrent et se rendirent au palais pour annoncer à Chajar ad-Durr qu'elle était désormais roi d'Égypte. Dans la longue histoire des royaumes et des empires musulmans, il n'y a aucun autre exemple semblable. Des femmes ont été puissantes et ont régné dans l'ombre, mais jamais officiellement. Il fallait que Chajar eût un ascendant inimaginable pour avoir poussé ces farouches guerriers à prendre cette initiative unique. En réalité, elle avait établi des liens si étroits avec les généraux, ils collaboraient si harmonieusement et si fructueusement, qu'elle fut surprise par leur proposition. Elle savait qu'un destin exceptionnel l'attendait mais n'imaginait pas régner sur un vaste pays. Tout naturellement, elle accepta et devint ainsi non pas reine, mais roi d'Égypte. Personne ne protesta. Elle ne faisait que poursuivre ce qu'elle faisait depuis plusieurs années, gouverner l'Égypte avec les généraux et sans Al-Salih. Dans les mosquées, la prière du vendredi était dite en son nom. Des décrets étaient signés et des monnaies frappées à son effigie. Chajar présidait les conseils des ministres, donnait ses ordres, signait les décrets, recevait en audience, bref, gouvernait comme un homme l'aurait fait.

Tout le monde était d'accord, à l'exception du calife de Bagdad. Il appartenait à la dynastie des Abbassides, qui avait été glorieuse, mais il avait perdu de sa force, de son prestige et beaucoup de ses terres. Le sultanat d'Égypte était indépendant, mais le calife devait tout de même entériner le choix de chaque nouveau sultan. Le calife se rebiffa : une femme, sultan d'Égypte ! « Si vous ne trouvez pas un sultan, c'est moi qui vous l'enverrai ! » dit-il tout net.

Les mamelouks expliquèrent le problème à Chajar. Ils voulaient passer outre, mais elle les en dissuada. Bien sûr, le calife n'avait aucun pouvoir, mais pourquoi se le mettre à dos ? « Ne vous en faites pas. Le calife ne veut pas de moi, je n'ai qu'à épouser l'un d'entre vous qui deviendra sultan à ma place. » Elle choisit Aybak, qu'elle estimait pour ses qualités. C'était un remarquable administrateur, qui lui était très dévoué. Il approuvait ses décisions, l'encourageait à prendre des initiatives. Il ne faisait rien sans en avoir discuté avec elle. Le calife ne put pas refuser cette solution. Chajar ad-Durr abdiqua et s'empressa d'épouser Aybak. Celui-ci ayant déjà une épouse et un fils, Chajar exigea qu'il divorce, mais il éluda. Le choix de cet homme devait se révéler la pire erreur de Chajar.

Dès le début de son règne, Aybak fut assailli par des révoltes de provinces, par des rébellions d'émirs. Chaque fois, il fut vainqueur, mais il n'avait pas l'habileté de sa femme. C'était un homme irascible et cruel, qui mettait en disgrâce pour un oui ou pour un non des mamelouks puissants. Il fit même assassiner un général qui lui avait déplu.

Mais, surtout, rien n'allait plus entre Aybak et Chajar. Il avait finalement accepté de divorcer de sa première femme, mais les époux se disputaient du matin au soir. Aybak écoutait de moins en moins Chajar et n'en faisait qu'à sa tête, refusant de suivre ses conseils. Enfin, il s'en prit à Baybars lui-même, le soutien indéfectible de Chajar. Craignant d'être assassiné, celui-ci dut s'enfuir et abandonner Chajar à son sort. Cette situation malheureuse dura plusieurs années, pendant lesquelles Aybak remportait succès sur succès. Chajar ne pouvait s'empêcher de l'admirer tout en le haïssant.

Les années passèrent et les époux vivaient séparés. Aybak résidait en son palais, Chajar dans le palais de la citadelle. Aybak projeta de se remarier avec la fille de

Lu'lu', prince de Mossoul, une alliance prestigieuse qui renforcerait son pouvoir. Chajar eut beau protester, il entreprit les négociations en vue de cette union. Son astrologue lui avait pourtant prédit qu'il perdrait la vie à cause d'une femme, mais il n'y fit pas attention.

Un jour, Chajar l'invita chez elle. L'entourage du sultan lui conseilla de se méfier. « Elle n'oserait pas », répliqua Aybak, et il se rendit à la citadelle. Pour une fois, Chajar se montra avenante. Il crut qu'il pouvait baisser la garde. Elle réitéra son invitation. Aybak vint la voir fréquemment. Ils passèrent ensemble des heures agréables. Aybak sentit un regain d'amour pour Chajar.

Une après-midi, elle l'invita, comme il y était désormais habitué. Il s'y rendit tout guilleret. Ils bavardèrent longuement, burent du vin, dégustèrent des sucreries. Elle savait qu'Aybak aimait tremper longuement dans un bain, aussi lui proposa-t-elle d'utiliser son hammam pour se délasser. Il accepta avec joie et la quitta. Il fut accompagné par les esclaves de Chajar. Dans la lumière glauque qui filtrait à travers les loupes de verre de la coupole, les esclaves se jetèrent sur lui et le poignardèrent à mort.

Au fil des années, les généraux avaient été convaincus par les succès d'Aybak. Ils étaient devenus ses partisans inconditionnels. Quant à Chajar, ils l'avaient oubliée. Peut-être s'étaient-ils laissé convaincre par les perfidies qu'Aybak répandait sur elle. Ils méditèrent sa perte. Mais Chajar avait encore des partisans parmi les mamelouks. Après tout, elle avait sauvé le pays. Ils l'enfermèrent néanmoins dans la tour rouge de la citadelle, avec tout le luxe possible. Elle était prisonnière.

Chajar était une femme intelligente et courageuse, elle savait qu'elle risquait à tout instant d'être assassinée à son tour. Elle apprit que les généraux avaient désigné comme sultan le fils d'Aybak, Mansur. C'était un gamin de quinze ans qu'il avait eu de Om Ali, la femme dont Chajar avait voulu qu'il divorce et qui la haïssait à mort.

Devenue la mère du sultan, Om Ali gagnait un statut exceptionnel. Chajar comprit qu'elle devait désormais craindre pour sa vie. Elle ne regrettait rien. Elle repassa sa vie prodigieuse, revit ses souvenirs. Le destin avait vraiment été généreux avec elle, mais c'en était fini. D'avance, elle accepta son sort. Il n'y avait qu'une chose : elle ne voulait à aucun prix que ses bijoux, à sa mort, soient volés et ornent une femme rivale. Alors elle passa ses journées à les écraser avec un mortier. Perles, émeraudes et rubis furent réduits en poussière.

Om Ali n'était pas tout à fait sûre de la réaction des généraux si elle se débarrassait de Chajar. Elle lui envoya des messages sympathiques et des présents. Ensuite, elle manifesta le désir de la rencontrer. Elle confectionna un gâteau auquel elle donna son nom et promit à Dieu que si elle réussissait à se débarrasser de Chajar, elle en ferait préparer et distribuer à toute la ville en signe de gratitude. En se rendant chez Om Ali, Chajar ne savait pas à quoi s'attendre ; mais quand elle vit les visages des esclaves qui entouraient la sultane, elle comprit qu'elle était condamnée. Om Ali commença par abreuver Chajar d'insultes, de reproches. Puis elle fit un geste. Les esclaves femmes se ruèrent sur le « roi » déchu d'Égypte et se mirent à la battre avec les talons et les semelles de bois de leurs socques.

Sa mort fut lente et douloureuse. Om Ali montra à Chajar agonisante le gâteau qu'elle avait préparé et qu'elle comptait offrir aux habitants du Caire si elle réussissait à l'éliminer. De tout son cœur, Chajar souhaita qu'elle, ses esclaves et les habitants qui goûteraient de cette sucrerie meurent étouffés. Finalement, Chajar expira. Om Ali fit jeter le cadavre de son ennemie du haut des remparts du Caire dans un fossé où il fut en grande partie dévoré par des chiens sauvages. Pendant ce temps, Om Ali fit faire le gâteau qui porte son nom et le distribua dans toute la ville. Depuis ce jour, à chaque anniversaire de cet événement, le gâteau est de nouveau confectionné.

Un pieux inconnu trouva les restes de Chajar dans le fossé de la citadelle, les rapporta au tombeau qu'elle avait fait bâtir d'avance et les enterra. C'est un modeste bâtiment joliment décoré, écrasé par des voisins monumentaux. J'ai mis longtemps à le trouver dans la Cité des morts. Je me demande bien qui peut venir prier pour l'âme de ce grand roi que fut Chajar ad-Durr, sauveur de l'Égypte.

PEDRO Ier, CRÉATEUR D'UN EMPIRE

(1798-1834)

Pedro de Bragance naît en 1798 au palais de Queluz, non loin de Lisbonne. Il est l'héritier présomptif de la couronne du Portugal. Cette dynastie ancrée dans l'histoire et l'âme portugaises, qui a régné depuis la naissance de ce pays jusqu'au début du XXe siècle, est d'origine française. Un membre de la maison royale capétienne était parti combattre les musulmans qui occupaient le Portugal, si bien qu'il en devint le roi. Depuis, cette dynastie a connu des hauts et des bas, des périodes fastes, des drames et des rebondissements inattendus.

À la naissance du petit Pedro, elle n'est pas dans une bonne période. Le père de Pedro, le prince héritier João de Portugal, futur João VI, est un personnage gras et somnolent. Il n'est pas bête, mais le cache bien. Il préfère laisser faire. De toute façon, il ne peut pas grand-chose face à sa femme, la future reine Carlota Joaquina. Cette infante d'Espagne de la maison de Bourbon est le diable en personne. Elle est toujours mal tenue, méchante, agressive, autoritaire, cruelle. Le roi et la reine vivent séparés, le roi dans le gigantesque couvent baroque de Mafra qui se veut l'Escurial portugais, la reine dans sa ravissante maison de campagne du Ramalho près de Sintra. On murmure qu'elle prend son plaisir, entre beaucoup d'autres, avec un jardinier noir.

À un confesseur qui osa lui reprocher ses liaisons, elle rétorqua vertement : « Ma mère n'a qu'un amant qui la domine complètement et gouverne l'Espagne. Moi, j'en ai tellement qu'aucun ne peut me gouverner, ni influencer la politique. Laissez-moi donc tranquille ! » Les grands-parents de dom Pedro ne valent pas beaucoup mieux. Ses grands-parents maternels sont le roi Charles IV et la reine Marie-Louise, célèbres modèles de Goya. Le roi est faible, la reine est une diablesse. Quant à sa grand-mère paternelle, Maria Ire reine de Portugal, elle est devenue folle. La peur de l'enfer l'habite du matin au soir, et elle court dans les couloirs du palais en criant : « Aïe, Jésus ! Aïe, Jésus ! » La situation est devenue telle qu'il a fallu confier la régence à son fils, le prince héritier João. C'est pourtant chez cette malheureuse que dom Pedro ainsi que ses frères et sœurs doivent habiter.

Le palais de Queluz est probablement le chef-d'œuvre baroque du Portugal. Il n'est pas grand de taille, ses murs sont couverts d'un crépi rose et pistache et ses intérieurs sont lumineux. Il abrite beaucoup de miroirs et des boiseries ravissantes. Le parc est agrémenté de canaux tapissés d'*azulejos*, les fameux carreaux bleus et blancs du Portugal.

Dans cette demeure enchanteresse, dom Pedro a une enfance malheureuse. Sa mère ne s'occupe jamais de lui. Son père ne rend jamais visite à sa propre mère, dona Maria Ire, à Queluz, il ne voit donc jamais ses enfants. Lorsqu'il les rencontre, il est affectueux mais lointain. Les enfants doivent supporter les discours incohérents sur le châtiment éternel de leur grand-mère Maria. Dom Pedro se sent seul, n'ayant aucun lien avec son frère ni avec ses sœurs et se sachant différent.

L'histoire perturba cette existence bizarre. L'Espagne voisine, où régnaient les parents de la princesse héritière Carlota Joaquina, se plia aux caprices de Napoléon. Elle avait décrété le blocus continental contre l'Angleterre. Encouragée par Napoléon, elle avait attaqué le Portugal, puis signé avec la France un traité de partage des terres lusitaniennes, acceptant que les troupes françaises traversent l'Espagne pour attaquer le Portugal. Cette lâcheté ne devait pas être récompensée.

Le 20 novembre 1807, Napoléon punit le Portugal allié des Anglais d'avoir refusé d'appliquer le blocus continental et ordonna à ses troupes d'envahir le pays. Les envahisseurs avançaient sans rencontrer de résistance. Très vite, ce fut la panique à Lisbonne. On entendait les canons français. La flotte anglaise ancrée dans le Tage invita la famille royale à monter à bord pour s'échapper. En ville comme à la cour, le désordre régnait. Les nonnes dans les couvents récitaient de stridents *Ave Maria*, les grands seigneurs s'affolaient et cachaient leurs trésors. À la cour, on emballait à la hâte les bijoux de la Couronne, on expédiait les archives sur les navires anglais. La famille royale galopa vers le port dans les carrosses de la cour. La reine Maria Ire émergea de sa folie : « N'allons pas si vite, sinon on croira que nous fuyons. » Cela ne suffit pas à ralentir l'allure du cortège. La famille royale embarqua sur les navires, il n'y avait plus qu'à lever l'ancre.

Ce départ aurait pu être joyeux pour les enfants, car c'était une aventure, mais ils percevaient la peur des adultes. Ils craignaient à chaque instant d'être arrêtés par les Français, déportés, emprisonnés. Une atmosphère d'insécurité régnait. Tout le monde tremblait. Même les Anglais qui leur offraient l'hospitalité à bord de leurs navires n'en menaient pas large, car le vent ne se levait pas et les Français approchaient. On pouvait voir à la jumelle leurs régiments entrer en ville. Finalement, le vent se mit à souffler et la flotte anglaise put lever l'ancre vers le Brésil, perle de l'empire colonial portugais.

Ce pays, qui occupe plus de la moitié de l'Amérique du Sud et qui en est aujourd'hui le pays le plus peuplé, avait été colonisé par les conquérants portugais. Cette gigantesque contrée était devenue la vache à lait du Portugal qui en tirait des bois précieux, des produits agricoles, des diamants et surtout de l'or. L'arrière-grand-père de dom Pedro, le roi João V de Portugal, avait été surnommé « le roi de l'or ». Les villes s'étaient bâties et des routes s'étaient ouvertes, principalement sur la région côtière car personne ne s'avisait de pénétrer en Amazonie.

Il fallut quatre mois pour que la flotte anglaise atteigne Rio de Janeiro. Lorsque le jeune Pedro aperçut la côte du continent américain, ce fut le coup de cœur. Ce climat, cette végétation, cette douceur de vivre, cette langueur, tout lui plaisait, et puis ce sentiment de liberté, cette certitude que les contraintes n'existaient plus. Le protocole de la cour partait en fumée. Dom Pedro se sentait jeune et libre. Rien n'était prêt pour recevoir la famille royale et la cour, mais, dans un climat aussi agréable, tout finit par s'arranger. La famille logea d'abord dans le palais du gouverneur portugais, puis on construisit le palais de São Cristóvão. Pour les enfants royaux, c'étaient des vacances perpétuelles. La chaleur, la végétation, l'océan, tout cela n'invitait pas beaucoup à l'étude. D'autant plus que dans cette atmosphère tropicale, les règles mollissaient. Et pourtant, ils étudiaient.

La gouvernante, Maria do Rêgo e Matos, leur servait de mère. Le précepteur, le père António da Arrábida, développa chez le petit Pedro le goût de la lecture. Il en fit un intellectuel. Il observait son pupille avec un mélange d'admiration, d'étonnement et d'inquiétude. Le petit Pedro se révélait étonnamment intelligent mais d'un caractère redoutable. Instinctif, colérique, il ne se pliait à rien ni à personne. Il avait aussi un charme infini, il était généreux et attachant. « Cet enfant est un volcan », se dit avec effarement le bon prêtre.

Les années passèrent, dom Pedro grandit. Il devint un cavalier émérite. Il aimait plus que tout dompter les chevaux sauvages. Il pratiquait le sport, se dépensait, s'enthousiasmait pour les arts. Il fabriquait des meubles qui n'étaient pas sans qualités. Mais surtout, il aimait la musique et jouait de quantité d'instruments. Il composait et chantait en s'accompagnant à la guitare. Il était infatigable. Il se jeta sur les femmes comme dans ses autres activités. Non pas sur les demoiselles élégantes de la société ou de la cour, mais sur les filles rencontrées dans les tavernes. Il fit un enfant à une danseuse, qu'il fallut d'urgence éloigner pour garder des occasions matrimoniales à ce prince trop extraverti.

Son précepteur lui faisait lire des livres interdits. C'est ainsi qu'il s'initia à ce qui se passait dans le monde et surtout en Europe. Il apprit grâce à ce prêtre la Révolution française, les nouvelles idées, le siècle des Lumières, dont il parlait avec ses amis. Il se forgeait ses opinions. Car en Europe, les événements se précipitaient. Napoléon était vaincu, détrôné, le Portugal avait été libéré, la voie était donc libre, mais la famille royale n'avait aucune envie de l'emprunter. On était si bien au Brésil, pourquoi bouger ? On était loin des ennuis, tranquilles, prospères, heureux. Pourquoi se jeter à nouveau dans la gueule du loup ?

La reine Maria Ire meurt à quatre-vingts ans passés en 1816. Son fils dom João est alors proclamé roi du Portugal et du Brésil. Pas question cependant de bouger. Mais il faut assurer l'avenir de la dynastie, donc il faut marier celui qui est devenu le prince héritier : dom Pedro a dix-neuf ans. On lui déniche l'archiduchesse Marie-Léopoldine d'Autriche, fille de l'empereur François Ier. De nombreuses alliances au cours des siècles ont lié la maison de Bragance et la maison de Habsbourg. Marie-Léopoldine est la sœur de Marie-Louise, la femme de Napoléon. On ne demande pas leur avis aux fiancés et on expédie Marie-Léopoldine vers son lointain avenir. Elle débarque à Rio et tombe amoureuse de dom Pedro. Il n'est pas forcément beau, mais il a un charisme extraordinaire. Il déborde de sensualité, il est irrésistible. Dom Pedro découvre une grande fille blonde aux yeux bleus. Assez jolie, elle est plutôt silencieuse et timide, ce qui ne veut pas dire qu'elle manque d'intelligence ou de personnalité. Élevée dans une famille conservatrice, Marie-Léopoldine est un peu raide, pas très drôle et loin du bouillonnement continuel qu'est son mari. Malgré l'infidélité de Pedro, ils feront sept enfants.

L'occupation française avait laissé des séquelles, tout comme l'ouragan Napoléon. Ce dernier avait instauré une dictature impitoyable, mais c'était plutôt l'influence de la Révolution qui avait marqué le Portugal. On en avait assez de l'absolutisme monarchique. Alors on rassembla des comités, on procéda à des élections, on réunit un parlement, on rédigea une constitution libérale. Dom Pedro, lui, réfléchissait. Il comprenait qu'il vivait une époque de changements. Même si les Français avaient quitté le Portugal, les choses n'étaient plus comme avant. Il l'avait compris très tôt, alors que ses parents étaient persuadés du contraire. Sa mère et son frère, dom Miguel, ne pensaient qu'à revenir en arrière. Dom Pedro, lui, ne pensait qu'à aller de l'avant. Les idées nouvelles, loin de les combattre, il les épousait, mais avec mesure, en les adaptant tant que possible à la situation. Il comprenait que les empires coloniaux étaient condamnés. La vice-royauté portugaise du Brésil n'avait aucun avenir, car les nouvelles idées franchissaient les océans et s'insinuaient dans les colonies. Mais il n'avait aucune idée de ce que lui réservait l'avenir.

Aux pressions libérales du Portugal, le roi João VI ne réagit pas, alors que la reine Carlota Joaquina s'insurge. Pour elle, il faut tuer tous ces suppôts de Satan, étriper tous ces libéraux. La contagion gagne même le Brésil. Élections, parlement, constitution, on croit rêver ! Dom Pedro souhaiterait que son père écoute la volonté populaire, mais João se méfie de son fils.

1821 arrive. Les Portugais réclament à cor et à cri leur roi. Celui-ci se décide donc à rentrer dans sa patrie, accompagné du cercueil de sa mère Maria Ire. João VI nomme son fils régent du Brésil. Avant de partir, prouvant une fine intelligence, il lui donne un conseil : si un mouvement révolutionnaire devait se dessiner au Brésil, dom Pedro devrait en prendre la tête. Il fait ses adieux et embarque. Au bout de longues semaines, la flotte arrive en vue de Lisbonne. Toute la ville est sur le port. Une délégation des parlementaires libéraux monte à bord pour présenter au roi la constitution élaborée en son absence. Assis sous un dais placé sur le pont du navire amiral, l'air plus somnolent que jamais, il prend dans ses mains le rouleau qui contient la constitution. Désarçonnés, les députés vont s'agenouiller devant la reine et lui présentent une copie de la constitution. Alors celle-ci vomit des flammes contre ceux qu'elle considère comme des créatures de l'ignoble Bonaparte : « Hors d'ici, mignons de l'Antéchrist où je vous fais jeter à l'eau ! » Terrorisés, les députés s'empressent de sauter dans leur barque.

Resté à Rio de Janeiro avec femme et enfants, dom Pedro prend mesure libérale sur mesure libérale. Il est simple, accueillant, bienveillant. Il aime écouter les gens, se mêler au peuple, il le fait sans aucune prétention, c'est sa nature. Aussi, chaque jour, il gagne en popularité. Mais il ne satisfait pas tout le monde. En cette période tumultueuse, les tentatives de coup d'État se multiplient. Il doit éteindre les séditions, parler aux soldats, tout en assurant que la prochaine fois il ne montrera pas une telle indulgence. Dès le début de sa régence, il entre en conflit avec les autorités du Portugal.

Les Portugais voulaient abolir la monarchie absolue, dom Pedro avait donc cru qu'il s'entendrait avec eux. Il n'avait pas compris qu'ils étaient libéraux pour tout, sauf pour le Brésil. Ils voulaient avoir accès au pouvoir et aux finances, mais pour ce qui était des colonisés, en rester au bon vieux temps. Dom Pedro refusa d'obtempérer. Lisbonne lui ordonna de rentrer au plus vite. Les Brésiliens étaient attachés à lui et craignaient de retomber au rang d'une colonie quelconque. La tension monta.

Nous sommes le 7 septembre 1822. À Sao Paulo, Pedro descend chez le sieur de Castro, père de son meilleur ami, un jeune officier dont il a fait son aide de camp. Il rencontre sa sœur, Domitila de Castro. C'est une jeune femme grande, sensuelle, séduisante. Il en tombe amoureux. La pression à laquelle les événements le soumettent, l'incertitude sur le futur le rendent nerveux. Il n'a pas le temps de faire la cour à Domitila, il en fait immédiatement sa maîtresse. Puis il repart vers la capitale. Il vient de quitter São Paulo, il est à quelques lieues et s'apprête à franchir la rivière Ipiranga lorsqu'il est rejoint par des courriers venus de Rio qui lui apportent des nouvelles.

Au Portugal, le gouvernement a annulé les réformes libérales qu'il a prises pour le Brésil et lui retire tous ses pouvoirs avec, bien sûr, ordre de revenir incontinent. Il blêmit de colère. Il est entouré de ses amis, de sa suite, de ses gardes. Il s'emporte contre Lisbonne. « Ils veulent nous réduire en esclavage, eh bien nous brisons ce qui nous unit au Portugal. Plus aucun lien n'existe désormais entre nous et la métropole ! » Puis il tire son épée et crie son serment : « Sur mon sang, sur mon honneur et sur Dieu, je jure de donner au Brésil sa liberté. Saluons l'indépendance, la liberté et la sécession du Brésil ! » Il est acclamé.

Malgré les apparences, dom Pedro n'a pas pris sa décision dans l'instant. Il s'y était longuement préparé. Il savait qu'il allait vers une rupture, mais il attendait qu'elle fût provoquée par le Portugal. Alors, en recevant ces nouvelles, il avait sauté le pas. En déclarant l'indépendance du Brésil, il avait pris une décision facile parce qu'il s'y était préparé, mais difficile aussi parce qu'il appartenait à l'une des plus vieilles dynasties d'Europe. Il avait du respect pour son père et ne voulait pas l'insulter. En une seconde, à vingt-quatre ans, il était devenu le héros du Brésil et l'un des plus grands personnages de l'histoire de l'Amérique latine.

Il reprend sa route. Arrivé dans la capitale, il fait connaître sa décision. Il est unanimement acclamé. Il devient l'idole de la foule. Mais, toujours respectueux envers son père, il ne prend pas la couronne. Le Brésil est indépendant, mais son roi reste João VI. Au Portugal, sa décision suscite une tempête. La reine Carlota Joaquina enrage, elle couvre dom Pedro d'insultes, et son fils cadet chéri, Miguel, de caresses. Quant au roi João VI, il laisse faire. Dom Pedro part convaincre les provinces de la nécessité de ce changement. Autre audace, il gagne un appui puissant dans la franc-maçonnerie. À l'époque, il y avait bien quelques princes francs-maçons, mais aucun souverain, car les rois craignaient dans la franc-maçonnerie une opposition latente à l'absolutisme. Dom Pedro en fit des frères.

Les Brésiliens exigèrent qu'il prenne lui-même la couronne. Il céda et se fit finalement couronner le 1er décembre 1822 dans la cathédrale de Rio. Il fallait des instruments de couronnement, on cisela donc une couronne et on y enchâssa de gros diamants, production nationale du Brésil. Il fallait un manteau de couronnement, mais dans la chaleur ambiante, on ne pouvait pas porter un vêtement de velours et d'hermine. L'empereur eut donc une idée magnifique : son manteau serait entièrement brodé de plumes de tous les oiseaux du Brésil.

Dom Pedro rencontra certes des oppositions, mais l'action le stimulait. Il vivait des heures grisantes. Tout était à faire. C'était ce défi qu'il aimait.

Auparavant, dom Pedro n'avait eu que des aventures. Avec Domitila de Castro, c'était l'amour. Il la titra marquise de Santos et la nomma dame d'honneur de l'impératrice Marie-Léopoldine. Il ne pouvait pas vivre sans sa maîtresse. Marie-Léopoldine, l'impératrice, lui inspirait la plus profonde estime car c'était une femme remarquable, intelligente, avec du caractère. C'était une mère admirable, mais il avait honte d'avouer qu'elle l'ennuyait à mourir. Domitila était un feu follet, un feu d'artifice. Elle le faisait rire et excitait son esprit. Domitila lui donna des enfants qu'il aima passionnément, comme ceux que lui avait donnés l'impératrice. Il aimait tous ses enfants, les couvrait de sa sollicitude. Il passait le plus de temps possible avec les uns et les autres.

Deux événements allaient bouleverser cette harmonie. Le 10 mars 1826, son père, le roi João VI, meurt au

Portugal, et dom Pedro devient roi. Comment faire ? Il n'est pas question pour lui de laisser le Brésil, il y est trop attaché. Il a eu tout le temps de se préparer à cet événement et de penser à une issue. Son fils, appelé comme lui Pedro, lui succédera au Brésil, et sa fille Maria da Glória deviendra reine de Portugal à sa place. C'est sans compter son frère, dom Miguel, une redoutable créature, aussi diabolique que sa mère Carlota Joaquina. Très beau, séduisant, infernal intrigant, dévoré d'ambition, il est capable de tout. Pedro ne recule devant rien pour le bien, et dom Miguel ne recule pas plus devant le mal. Aussitôt, ce dernier conteste la décision de son frère. C'est lui, le roi du Portugal, et pas sa nièce.

Second drame, l'impératrice Marie-Léopoldine meurt en novembre 1826. Dom Pedro ressent des remords profonds et sincères de l'avoir négligée. Il accuse la belle Domitila. L'impératrice étant morte à la fleur de l'âge, les rumeurs commencent à circuler. Dom Pedro l'a tuée dans une dispute au cours de laquelle il l'a frappée. Ou bien elle a été empoisonnée. Ou bien elle est morte du chagrin d'avoir été tellement trompée. Dom Pedro est désespéré. Il s'aperçoit combien il a aimé sa femme, comme d'ailleurs le peuple brésilien, chez qui elle était infiniment populaire. Dom Pedro s'enferme, dom Pedro ne veut voir personne, dom Pedro a des cauchemars la nuit. Il est hanté par Marie-Léopoldine au point qu'il affirme avoir vu son fantôme. Il se sent responsable de sa mort, se fustige de l'avoir tellement maltraitée et ignorée.

Du coup, il renvoie Domitila. Plus d'épouse, plus de maîtresse. Dom Pedro est imprévisible. C'est aussi un homme sensible. Un empereur du Brésil ne peut rester sans épouse, il est trop jeune pour rester veuf. Il lui faut donc se remarier. Ses envoyés partent en quête d'une jeune femme dans les cours européennes. Celles-ci leur ferment la porte au nez. L'empereur d'Autriche en particulier n'a jamais digéré le traitement que sa fille a subi avec dom Pedro, et il influence les autres monarchies : « Surtout n'accordez pas une de vos princesses à dom Pedro. Elle sera abominablement malheureuse. Elle en mourra comme ma fille. » Dom Pedro est forcé de se rabattre sur une demi-princesse, la princesse Amélie de Leuchtenberg. Sa mère est une princesse de Bavière, ce qui est parfaitement correct, mais son père n'est qu'Eugène de Beauharnais, fils de l'impératrice Joséphine, beau-fils de Napoléon issu d'une petite famille de l'aristocratie française. Ce n'est pas ce que l'on peut appeler une véritable royauté. Dom Pedro est forcé d'avaler cet arbre généalogique peu reluisant. Ses envoyés font la demande. Les parents de la princesse sont ravis d'accepter ce mariage inespéré et on expédie Amélie au Brésil.

Dom Pedro va l'accueillir au port de Rio et, dès le premier regard, il est conquis. Elle est gracieuse, belle, pleine de charme, intelligente avec une forte personnalité. Contrairement à l'impératrice Marie-Léopoldine, engoncée dans sa sévère et stricte éducation, elle est libre. Le coureur impénitent devient mari fidèle. Encore une surprise que réservait l'imprévisible dom Pedro. Amélie aime l'action, la nouveauté et l'aventure, et dès le premier contact, dom Pedro et elle s'entendent parfaitement. De plus, l'impératrice Amélie se fait immédiatement aimer des enfants de son mari.

Le grand rêve de dom Pedro depuis longtemps, c'est l'abolition de l'esclavage. Pour lui, l'esclavage est la honte de l'époque. Il a cependant contre lui son parlement, dominé par les grands propriétaires terriens qui voient dans l'abolition une catastrophe économique. Malgré ses efforts répétés, dom Pedro n'aboutit à rien. Il s'ennuie. Cette vie constitutionnelle, ces discussions politiques, ces manœuvres souterraines, cette sédentarité, rien de tout cela ne lui convient. Il lui faut du mouvement, de l'initiative, de l'audace. Or, une monarchie constitutionnelle n'offre aucune porte à l'aventure.

Contre toute attente, ce fut sa famille qui lui donna l'occasion d'agir de nouveau. Sa mère qui le haïssait et n'avait jamais accepté sa décision de donner l'indépendance au Brésil, encore moins celle de mettre sa fille sur le trône du Portugal, poussait son frère Miguel à commencer une guerre contre sa propre nièce. Dom Pedro avait songé à mettre fin aux velléités de Miguel en le mariant à sa fille, la reine Maria, mais Miguel ne voulait pas partager le pouvoir. Il leva les troupes et attaqua l'armée gouvernementale. Dès que dom Miguel s'en prit à dona Maria, le sang de dom Pedro ne fit qu'un tour. Il tressaillit d'excitation, car enfin l'aventure se présentait ! La guerre civile commença. Comme d'habitude, les puissances s'en mêlèrent. L'Angleterre et la France soutinrent le gouvernement libéral incarné par dona Maria, et les puissances conservatrices, surtout l'Autriche, dom Miguel.

Alors Pedro abdiqua la couronne du Brésil. Les Brésiliens en furent désolés, mais dom Pedro avait une excuse toute prête : quel père n'irait pas voler au secours de sa fille en danger ? Il laissa le trône à son fils sous une régence, abandonna son titre impérial, et ce fut sous le nom de duc et duchesse de Bragance que lui et l'impératrice Amélie embarquèrent pour l'Europe.

Amélie avait encouragé dom Pedro à défendre le trône de sa fille. Il était triste de quitter le Brésil et les Brésiliens, mais le pays était devenu tellement tranquille et sage que son regret en était atténué. Ils accostèrent en Angleterre et firent la tournée des cours pour chercher des appuis. Dom Pedro retrouva sa fille, qui vivait à l'étranger en attendant que la situation se calme. Lorsqu'il revit la jeune dona Maria, il fut convaincu qu'elle valait bien la peine qu'on se batte pour elle. Toujours délicieusement théâtral, dom Pedro s'agenouilla devant la jeune femme : « Madame, voici votre général portugais qui fera respecter vos droits et restaurera votre couronne. » La jeune fille bouleversée éclata en sanglots. De quel plus fabuleux champion pouvait-elle rêver ?

Plantant femme et enfants, dom Pedro embarque donc à nouveau, cette fois pour le Portugal. Il débarque à Lisbonne et se met à la tête des troupes gouvernementales. Il retrouve aussitôt les émois de sa jeunesse, alors qu'il était prince héritier au Brésil. Non seulement il concocte la stratégie de ses troupes en bon général en chef, mais il met aussi la main à la pâte. Il visite les campements, parle aux soldats, organise les régiments, veille au ravitaillement. Il est infatigable, toujours en mouvement. Les Portugais qui avaient voulu le faire plier se rangent finalement derrière lui pour combattre son frère dom Miguel. Celui-ci, comme sa mère la reine Carlota Joaquina, incarne en effet le retour en arrière, la répression et la vengeance. Comme le sait dom Pedro, son frère est sot et mauvais militaire, à l'opposé de lui-même, qui est un remarquable stratège. Il lui est aisé de le battre à coups de victoires rapides, soutenu dans sa conviction par les Portugais qui veulent vivre libres. Ce n'est plus une guerre, c'est une marche victorieuse.

Au début de 1834, il réussit à chasser dom Miguel du Portugal. Il rendit ainsi son trône à sa fille. Qu'allait-il faire à présent ? Rentrer au Brésil, rester ? Reprendre l'un de ses deux trônes à ses enfants ? Se faire rentier, chercher une autre aventure ? Le malheureux n'eut pas le temps de décider, car il tomba gravement malade. Les efforts qu'il venait de déployer dans la guerre contre son frère avaient accéléré le mal.

Quelques semaines après sa victoire, en septembre 1834, il dut s'aliter dans le palais de Queluz, où il était né et avait passé ses premières années. Très vite, il fut à l'article de la mort. Ayant remis sa fille sur le trône, il pouvait mourir en paix, heureux de ce qu'il avait fait pour le Brésil, heureux de ce qu'il avait fait pour sa fille et le Portugal, heureux de sa vie. Tant pis s'il mourait jeune.

Son dernier écrit est une lettre recommandant l'abolition de l'esclavage, son obsession. Jusqu'au dernier moment, il y pensa. Il mourut le 24 septembre 1834, a à peine trente-six ans, après cette vie d'aventures insensées et d'imprévus fracassants. Au moins avait-il bien rempli cette vie courte.

Son fils dom Pedro II, qu'il avait laissé comme empereur au Brésil, sera un intellectuel profond, un souverain libéral, courageux, austère. Il remplira le rêve de son père et, avec l'aide de sa fille la princesse héritière Isabel, abolira l'esclavage, ce qui lui vaudra d'être chassé du trône par les grands propriétaires terriens. C'est le seul exemple de l'histoire où une monarchie de gauche fut détrônée par une révolution de droite. Il n'en eut cure, car il était convaincu de faire son devoir. D'ailleurs, en signant l'acte d'abolition, comme il ne se faisait aucune illusion, il avait murmuré : « Je signe mon abdication. »

Sa fille Isabel avait épousé un prince d'Orléans, le comte d'Eu. Isabel et Gaston fondèrent la dynastie française des Orléans-Bragance, qui subsiste toujours et dont certains membres sont infiniment populaires dans la république brésilienne. Chaque année, lors du carnaval, les trois héros : Pedro II, la princesse Isabel et le comte d'Eu son mari sont représentés dans les défilés. S'avancent, couronnés d'or et de diamants, deux hommes et une femme couverts de plumes, de fanfreluches, de couleurs, de strass et dansant sur un rythme effréné de samba. Ils représentent les héros nationaux des anciens esclaves.

J'ai toujours souri en voyant ce spectacle et en le comparant aux photos des modèles, c'est-à-dire l'empereur Pedro II, sa fille et son gendre, habillés dans la plus grande simplicité et austérité, tout en noir, sans un bijou, sans une décoration, des bourgeois stricts et modestes. Et pourtant ces trois-là avaient suivi l'exemple de Pedro Ier, mais d'une façon bien différente, en imprimant leur marque au Brésil.

Quant à dona Maria II, elle régna paisiblement sur le Portugal et avec son mari, Ferdinand de Saxe-Cobourg, fonda une dynastie qui régna jusqu'en 1910. Celle-ci connut des tragédies et des révolutions, et s'éteignit en 1932 avec la mort du dernier roi Manuel II qui n'eut pas d'enfants. La branche de dom Pedro s'était éteinte au Portugal. Les descendants de dom Miguel lui succédèrent dans ses droits au trône. Ainsi, bien qu'il n'y ait plus de monarchie au Portugal, les successeurs de dom Miguel réussirent finalement là où il avait raté.

LA PALATINE, DUCHESSE D'ORLÉANS

(1652-1722)

Dans mon adolescence, j'allais en vacances au Portugal chez mon oncle le comte de Paris. Il habitait une très belle maison de campagne du XVIIIᵉ siècle qu'il avait remplie des trésors de la famille. Dans le salon où nous attendions le déjeuner, un grand portrait de femme accroché au mur attirait chaque fois mon regard par sa laideur. Il y avait des brocards, des fleurs de lys sur le manteau, une couronne, des grosses perles. Tous ces ornements inventés par Rigaud ne dissimulaient pas le fait que le modèle n'avait pas été gâté par la nature. Elle était grosse et rubiconde. Le peintre ne cachait pas son double menton. Mais elle avait un regard malicieux et brillant d'intelligence. Malgré ce physique ingrat, on voyait tout de suite qu'elle avait une formidable personnalité.

C'était une de nos ancêtres. Elle s'appelait Élisabeth-Charlotte de Bavière, princesse palatine, et appartenait à l'illustre et fort ancienne maison de Wittelsbach. La branche cadette restée catholique avait eu le gros morceau, c'est-à-dire la Bavière. La branche aînée devenue protestante n'avait eu que le Palatinat, mais le détenteur du titre était le premier électeur de l'empereur du Saint Empire romain germanique et le suivait immédiatement dans les cortèges.

Élisabeth-Charlotte naquit en 1652 de l'électeur palatin Charles-Louis et d'une princesse de Hesse-Cassel. Les parents ne s'entendaient pas et se séparèrent bientôt. La petite avait cinq ans et fut expédiée chez la sœur de son père, la princesse palatine Sophie, qui avait épousé l'électeur de Hanovre. L'enfant partit donc pour Hanovre et découvrit sa tante. Ce fut, dirons-nous, l'amour dès le premier regard. Élisabeth-Charlotte trouva chez sa tante l'affection maternelle qui lui avait manqué, et celle-ci se prit d'une égale tendresse pour la petite dont elle devina, dès le début, l'intelligence et le fort caractère. L'électrice Sophie était l'un des grands esprits de son temps. Elle avait comme secrétaire l'un des génies de l'époque, le philosophe mathématicien Leibniz, elle correspondait avec Descartes, elle lisait tout ce qui paraissait. Elle inculqua à sa très jeune nièce le goût de la lecture. De plus, Sophie était jolie, ce qui ne gâtait rien. Jamais le lien avec sa nièce ne se distendit.

Lorsque la petite atteignit ses dix ans, elle fut en âge de retourner au bercail paternel. L'électeur Charles-Louis s'était éloigné de sa femme parce qu'elle refusait de satisfaire son insatiable appétit sexuel. Il avait à moitié divorcé, mais pas tout à fait, et s'était empressé d'épouser morganatiquement sa maîtresse, demoiselle d'honneur de sa femme, la comtesse Louise de Degenfeld. Celle-ci sut satisfaire ses appétits puisqu'elle lui donna treize enfants. Bien entendu, il ne s'agissait pas d'en faire des princes, mais ils eurent un titre et furent considérés par leur père comme des enfants légitimes. Sans qu'il s'en soucie vraiment, il resta ainsi légalement bigame. Élisabeth-Charlotte découvrit sa seconde famille et ses nombreux demi-frères et sœurs. Jamais elle ne fut proche de sa belle-mère ni de ses enfants, qu'elle détesta toute sa vie. Elle était une puriste, comme tous les princes allemands, à cheval sur son rang et très fière de son origine. Si elle n'aimait pas le contenu, c'est-à-dire sa seconde famille, elle raffolait du contenant, soit le fabuleux château de Heidelberg, demeure de son père. C'était, sur les hauteurs au-dessus de la rivière le Neckar, un immense château en granit rose authentique, catalogue de toutes les réussites de l'architecture Renaissance. De plus, il était bourré de chefs-d'œuvre.

Dès son jeune âge, Élisabeth-Charlotte manifesta une indépendance d'esprit fort peu commune chez les princesses de l'époque. Elle aimait le grand air, la liberté, et galoper dans les bois. Elle n'hésita pas à refuser plusieurs partis qui s'étaient offerts à elle, ce qui montre une grande indépendance, puisqu'à l'époque les femmes étaient élevées pour se marier selon les intérêts de leur famille. L'électeur, son père, s'accommodait des caprices de sa fille. Les partis proposés n'étant pas très brillants, il n'avait pas insisté. Anne de Gonzague, princesse de Mantoue, entra alors en scène. Elle avait épousé le frère de l'électeur Charles-Louis, le prince palatin Édouard. Anne était l'une des plus redoutables intrigantes du siècle, coquine, avec un toupet d'enfer, toujours fourrée dans les intrigues politiques européennes et connaissant tout le monde. Elle passait son temps à arranger des mariages pour ses filles, ses nièces et sa parenté. Depuis des décennies elle sévissait à la cour de France où elle avait été élevée. Cultivée, ayant tout lu, mécène, elle était aussi remarquable intellectuellement que perfide. Ses yeux tombèrent sur Monsieur c'est-à-dire Philippe de France, duc d'Orléans, frère cadet de Louis XIV.

Monsieur a la trentaine et vient de perdre sa femme, Henriette d'Angleterre. Anne de Gonzague, toujours prête à pousser sa famille, conçoit le projet bizarre de marier sa nièce par alliance au second personnage de France. Que l'un et l'autre soient totalement dissemblables, et qu'apparemment il n'y ait aucune chance qu'ils puissent s'aimer, cela ne compte pas. Le plus gênant, c'est que la candidate, Élisabeth-Charlotte, bien qu'appartenant à une grande dynastie, est du menu fretin comparé à la maison de France. Elle a surtout une dot minuscule et elle est protestante, péché capital aux yeux de Louis XIV. Anne de Gonzague a ses entrées auprès du Roi-Soleil et le convainc de l'utilité politique de ce mariage. Une alliance avec le Palatinat enfoncerait un coin dans l'empire monolithique des Habsbourg, toujours concurrents des Français. Le mariage permettrait de poser un pied français en Allemagne, jusque-là chasse gardée de la maison d'Autriche. Louis XIV entre dans la combine. On ne demande pas son avis à Monsieur et on envoie une délégation à Heidelberg. L'électeur Charles-Louis pense défaillir de bonheur à cette proposition inespérée.

Cette fois, Élisabeth-Charlotte n'est pas consultée. Elle dit adieu aux siens, auxquels elle est fortement attachée, comme à son Allemagne natale. Le cortège s'arrête à Metz où, auprès de l'évêque de la ville, elle abjure le protestantisme pour adopter le catholicisme, condition indispensable à l'union. Trois jours plus tard, elle arrive à Châlons-sur-Marne. À sa descente de carrosse, elle est pour la première fois confrontée à la cour de France, des hommes et des femmes couverts de fanfreluches, de plumes, de dentelles, piaillant, criant, s'exclamant. Il y a des jeunes, des vieux, des beaux. Son mari s'avance vers elle. Elle le regarde avec effarement. Il porte des talons tellement hauts pour dissimuler sa petite taille qu'il semble « monté sur des échasses », écrit le chroniqueur de cette rencontre. Il est légèrement bedonnant, a de grands yeux bruns dans un visage long. Surtout, il est excessivement parfumé, couvert de dentelles, de bijoux et de plumes. Il regarde avec terreur la nouvelle « Madame », comme on l'appellera. Elle a la taille et l'épaisseur d'un grenadier. Les chroniqueurs auront beau dire que, dans sa jeunesse, elle était assez mignonne, on se demande par quelle opération elle est devenue celle dont je contemplais le portrait dans mon adolescence.

La première chose qui préoccupe Monsieur, c'est son devoir d'honorer son épouse. C'est la nuit de noce, la Cour entière est présente dans la chambre des jeunes époux. Ils sont bien élevés, se saluent, échangent des regards et se couchent nus dans l'obscurité. Madame se demande ce qui va se passer. Soudain, elle sent que Monsieur promène sur son corps des objets, il descend jusqu'à atteindre la partie la plus intime de sa femme. Elle soulève le drap et regarde, c'est un chapelet couvert de médailles bénies. Avec son franc-parler, elle fait la remarque à son mari que c'est un curieux endroit pour promener des reliques. « Taisez-vous et laissez-vous faire », lui répondit-il. Il faut croire que la recette de Monsieur était efficace malgré son étrangeté, car ils arrivèrent à leurs fins et eurent trois enfants, dont deux survécurent. De ce ménage disproportionné descend à peu près toute l'Europe monarchique.

Pendant ce temps, Madame qui n'a pas les yeux dans sa poche comprend qu'elle a épousé le plus célèbre homosexuel de l'époque. De jeunes gens fringants, arrogants et beaux entourent son époux. En tête, l'archifavori, le chevalier de Lorraine, un diable à la figure d'ange. Le caractère de Madame se révèle. Elle n'est pas attirée par le sexe. Ce qu'elle veut, c'est l'amitié de son mari et la paix. Elle réussit à s'entendre avec lui, ce qui prouve un caractère de bonne composition. Élisabeth-Charlotte est d'une nature extrêmement sympathique. Elle accepte tout sans trop s'étonner et, pourvu qu'on ne l'embête pas, elle est conciliante. La première Madame, Henriette d'Angleterre, s'était indignée et offusquée. Elle avait pris des amants et avait été jusqu'à voler à son mari l'un de ses amoureux, le comte de Guiche, à l'indignation de Monsieur. Élisabeth-Charlotte n'y songe même pas. Un jour, un courtisan se fait galant avec elle, se disant que mettre dans son lit la belle-sœur du roi ne serait pas une mauvaise affaire. Il s'enhardit au point de lui mettre la main au décolleté. Une formidable gifle le remettra à sa place.

Monsieur était un bon père, très attentionné, mais distrait par ses favoris, ses orgies et ses collections. La Palatine comprit que Monsieur n'avait eu qu'un amour, son frère, le roi. Depuis leur enfance sinistre pendant la Fronde, complètement isolés l'un et l'autre, en butte aux menaces et aux dangers, ils étaient soudés pour la vie. Le roi, de son côté, jalousait Monsieur. Il craignait ses qualités, qui pouvaient lui porter ombrage. Il le tenait loin du pouvoir mais l'écoutait beaucoup, ils se voyaient souvent à deux et rien ne fuitait de leurs fréquents entretiens. Monsieur, chaque fois, en rentrait comblé, sauf lorsqu'il se disputait avec le roi. Car Monsieur, tout transi qu'il était devant son frère, n'hésitait pas à lui dire son fait, à prendre son contre-pied et à défendre sa propre opinion. Monsieur, s'il n'avait pas été abêti par ses favoris, eût été une grande personnalité.

Ce que Madame ne supportait pas chez les mignons de Monsieur, c'étaient leurs minauderies et leurs méchancetés, le venin qu'ils répandaient nuit et jour à l'oreille de Monsieur. La plupart d'entre eux étaient cultivés et avaient de la personnalité. Madame détestait les orgies auxquelles se livrait Monsieur. Elle n'y avait jamais assisté, mais ses espions, car elle en avait, lui rapportaient tout, et lui décrivaient les nuits de son mari avec des jeunes gens de modeste origine. La violence, les tortures, le viol n'étaient pas exclus de ces soirées, ce qui indignait la Palatine. Les favoris et surtout le chevalier de Lorraine pervertissaient Monsieur.

Madame parlait beaucoup dans ses lettres de la famille royale française et de son époux. Elle accusait les mignons d'avoir empoisonné Henriette d'Angleterre et craignait de subir le même sort. Heureusement, il y avait le roi. Entre Élisabeth-Charlotte et Louis XIV, la sympathie avait été immédiate et profonde. Elle tomba inconsciemment amoureuse de ce roi qui savait si bien parler aux femmes et qui, malgré son aura et sa stature de demi-dieu, restait un homme. Quant au roi, il appréciait non seulement l'intelligence, mais aussi la franchise, l'honnêteté et la fidélité d'Élisabeth-Charlotte. En voilà une qui ne ressemblait pas aux membres de sa famille ni de sa cour. C'était un brin de fraîcheur qui lui venait d'Allemagne. Et puis Madame aimait courir le cerf dans les bois, elle était capable d'endurer des journées entières de galopades et ne se fatiguait jamais. Elle était l'une des seules à pouvoir suivre Louis XIV, ce qui était également une grande qualité à ses yeux.

À Versailles, le roi Louis XIV attribue à la Palatine et son mari un grand appartement en rez-de-chaussée. Mais on est encore dans les plâtras. Elle découvre ce palais, cette cour, les fêtes luxueuses, et elle n'est pas impressionnée. La provinciale allemande regarde tout cela avec un total détachement. C'est là encore un de ses côtés sympathiques. Ce qu'elle recherche, c'est la vérité. Or il n'y en a pas. Elle ne voit chez les courtisans qu'ambition, cancans, adultères, tout ce qu'elle déteste. Jamais elle ne s'y fera. Il y a aussi la gastronomie française. Elle n'apprécie pas les chefs-d'œuvre des plus grands cuisiniers du monde. Elle regrette la solide cuisine allemande. Aussi, dans ses appartements, se fait-elle faire des frichtis qui lui rappellent son pays. Une délicieuse odeur de choucroute se répand dans le salon aux boiseries dorées. Elle invente même des recettes étranges : par exemple elle aime saupoudrer le melon de tabac. Mais son plat préféré reste les saucisses, les fameuses *Würstchen* de Heidelberg.

Madame déteste enfin les contraintes du protocole. Louis XIV est un extraordinaire metteur en scène. Il a transformé l'exercice de la monarchie en théâtre continuel. L'étiquette codifie chaque instant. Il n'y a place pour aucun flottement, aucune hésitation. Chacun sait à tout moment quoi faire, quoi porter, comment se conduire. Madame ne supporte pas ce carcan, et elle s'en échappe en galopant inlassablement dans les bois avec le roi. Elle sait aussi occuper son intelligence. Elle lit énormément en français, en allemand mais aussi en anglais, langue à laquelle sa tante, éphémère reine de Bohème, l'avait initiée. Elle se fait envoyer les dernières parutions et se plonge dans des romans ou des ouvrages variés de poésie, d'histoire ou de théologie. Mais elle a peu d'interlocuteurs. Les courtisans ne pensent qu'à courtiser. Les écrivains français l'ennuient. Elle a tout de même quelques amies femmes assez proches d'elle, très cultivées, avec qui elle peut tenir une conversation intéressante. Et puis il y a ses chiens et ses chevaux. Toute sa vie, elle a aimé les animaux. Elle les comprend. Les chiens forment selon elle une compagnie intelligente, fidèle et affectueuse. Dans ses appartements, Madame passe son temps à écrire. Tout en détestant la cour et les courtisans, elle les examine comme un entomologiste ses insectes. L'une des grandes distractions de sa vie consiste à observer sans être remarquée, à tirer le portrait de l'âme.

Madame se découvre aussi une passion pour la correspondance épistolaire. Chaque jour, pendant plusieurs heures, elle noircit des dizaines de lettres, surtout en allemand, à l'adresse de sa parentèle germanique, en premier lieu sa chère tante Sophie. Toute sa vie, Madame regrettera l'Allemagne. Elle fera son trou à Versailles et s'y sentira bien ; cependant, son cœur restera de l'autre côté du Rhin. Elle raconte à sa tante tout ce qui se passe à la cour. Elle décrit les personnages, les événements, elle parle politique, discute des affaires du monde. Sans le savoir, sans le vouloir, elle devient la plus extraordinaire chroniqueuse du règne de Louis XIV. Mais Madame est unique, car non seulement elle voit les choses de l'intérieur, mais elle a aussi un style unique, débridé, franc, unique dans sa truculence. Sa vision démontre une perspicacité stupéfiante. Bien sûr, elle répète des rumeurs non vérifiées et ne dédaigne pas les ragots, mais si on peut mettre en doute pas mal de ses assertions, on est néanmoins emporté par ce torrent de paroles, de descriptions, de points de vue d'une originalité piquante. On est aussi renversé que séduit par son extraordinaire personnalité. Les mots les plus crus ne lui font pas peur. La scatologie, la pornographie font partie de son quotidien. C'est ainsi, par exemple, que l'on apprend dans ses lettres qu'on pète énormément dans la maison d'Orléans. Et puis il y a ce fameux échange avec l'électrice Sophie, que les historiens appellent « les lettres caca », dans lequel sa tante décrit les plaisirs de s'installer sur le cabinet pour déféquer alors que sa nièce, Madame, ne cesse de se plaindre de cette obligation. On calcule que Madame a dû écrire soixante mille lettres dont il ne reste hélas qu'un dixième, jamais publié intégralement. Il y eut à la fin du XIXe siècle une publication assez utile mais tronquée, truffée de raccourcis, d'analyses, d'inventions et de détails apocryphes. À quand donc la parution de la correspondance entière de Madame ?

Elle n'est pas mariée depuis trois ans qu'éclate la guerre du Palatinat. Son frère, l'électeur Charles II, est mort sans héritier direct. C'est un lointain cousin qui doit lui succéder. Louis XIV réclame pour sa belle-sœur la moitié du Palatinat. Il cherche surtout à agrandir ses États. Ses victoires précédentes ont démontré la puissance de ses armées et fait de lui la terreur de l'Europe. L'empereur, maître du Saint Empire dont fait partie le Palatinat, ose se dresser contre Louis XIV. La guerre commence. Louis XIV fait envahir le Palatinat et, pour en finir rapidement et infliger à ses adversaires une leçon durable, il en ordonne froidement la destruction. Ses troupes pillent, brûlent, détruisent villes, villages, champs, forêts. Ils massacrent à tour de bras, mettent le feu au merveilleux château de Heidelberg dont les ruines imposantes se dressent toujours, rappelant cette inqualifiable action.

Élisabeth-Charlotte pleure, s'arrache les cheveux, crie, se lamente. C'était en son nom qu'on anéantissait son pays et ses compatriotes. Elle n'osait pas montrer son chagrin. Devenue princesse française, elle devait se cacher pour gémir. C'est dans ses lettres à ses parents d'outre-Rhin qu'elle déverse son désespoir. Le roi en veut à sa belle-sœur de pleurer sur sa patrie ensanglantée. Après tout, il ne fait que défendre ses droits, lui répète-t-il avec son impitoyable égoïsme. Du coup s'établit une légère distance entre les deux amis. Mais il y a pire.

Une nouvelle venue, entrée par la petite porte de la cour, en monte subrepticement les échelons. Elle est étonnamment intelligente. Son passé est sulfureux, mais elle l'a noyé dans l'eau bénite en devenant extrêmement pieuse. Surtout, elle est efficace. Ses qualités ont attiré l'attention de madame de Montespan, la favorite en titre. Celle-ci lui a confié la tâche de s'occuper des enfants qu'elle a eus de Louis XIV. La veuve Scarron, ainsi qu'était appelée la dame qu'avait épousé le poète de ce nom qu'elle avait perdu quelques années auparavant, accepte le rôle et le remplit avec zèle, au point que les enfants, surtout l'aîné le duc du Maine, finissent par la préférer à leur mère.

Au début, le roi ne l'aimait pas et n'en avait pas voulu. Madame de Montespan avait insisté. Petit à petit, il s'était habitué à sa présence lorsqu'il venait rendre visite à ses bâtards. Elle avait su se montrer agréable, elle savait écouter, dire ce qu'il fallait. Le roi s'était surpris à se confier à elle, à chaque visite un peu plus. Elle était discrète, ne répétait jamais rien et se montrait de bon conseil. Elle n'intriguait pas, ne se liait avec aucune coterie de la cour. Le roi l'observa avec plus d'attention et ce qu'il vit lui plut. Il la nantit d'un château, alors qu'elle n'avait pas un sou, et d'un titre qui lui appartenait en propre.

Alors les yeux se dessillèrent devant la marquise de Maintenon. Chaque jour sa faveur montait, au point que nul ne pouvait plus l'ignorer. Madame de Montespan se rendit compte qu'elle avait été jouée et enragea. Quant à Madame, voyant le roi s'éloigner d'elle pour cette femme, elle se mit à la haïr et, dans sa correspondance, se répandit en torrents d'injures contre elle. Elle n'ignorait pas que ses lettres étaient décachetées et lues par le cabinet noir, et que madame de Maintenon serait informée de ce qu'elle pensait d'elle. Tant mieux, se dit-elle, car Madame est incapable de dissimuler. « Cette pute me fera mourir », répète-t-elle dans ses lettres, sans se rendre compte que cette attitude éloigne encore plus Louis XIV d'elle. En revanche, cela la rapproche de son époux. Monsieur détestait en effet la Maintenon autant qu'elle. La gouvernante était devenue leur ennemie commune, et tous deux jugeaient désastreuse son influence sur le roi.

1683 est une année de drames. Madame de Montespan, compromise dans l'affaire des poisons, est disgraciée. L'éphémère maîtresse du jour, madame de Fontanges, meurt brusquement à la fleur de l'âge, suivie de peu par la reine Marie-Thérèse. Cette dernière n'avait joué aucun rôle pendant toutes ces années, mais elle existait et on ne pouvait l'ignorer.

Désormais, le terrain était dégagé pour que le triomphe de madame de Maintenon advienne. Il n'existe aucune preuve qu'elle épousa le roi, mais tout le monde en était persuadé. Le roi s'éloignait toujours plus de Madame, qui injuriait toujours plus la Maintenon. La Palatine continuait d'admirer Louis XIV malgré sa politique désastreuse. Beaucoup plus que l'invasion du Palatinat qui lui avait tant coûté, la Palatine trouvait criminelle sa politique religieuse. Les dragonnades dans les Cévennes, les horreurs que les soldats du roi infligèrent aux protestants, tout cela portait un coup terrible à la France. Cette intolérance coûta cher au royaume. La Palatine, avec son affection aveugle, pensait pourtant que le roi n'était pas coupable. Selon elle, il était dominé par l'horrible « vieille » et les prêtres qui la manipulaient.

Madame se retira de plus en plus de la cour, car la bigoterie s'y installait sous la houlette de madame de Maintenon. Louis XIV, soudain terrorisé par l'enfer et après avoir péché sans souci ni scrupule pendant des années, se tourna vers la religion. Il révoqua l'édit de Nantes que son grand-père Henri IV avait publié pour protéger les protestants. Versailles changea du tout au tout. Plus de fêtes, plus de ballets, plus de pièces de théâtre, plus de parties la nuit à la lumière des torches dans les bosquets du parc. L'ennui s'installa.

Pour se consoler, la Palatine s'occupa de ses enfants. Elle aimait beaucoup Philippe et Élisabeth-Charlotte. À son fils, elle avait voulu donner un compagnon de jeu qui parle allemand, pour qu'il se familiarise avec la langue de ses ancêtres maternels. Hélas, ils n'étaient pas nombreux, les gamins de la cour qui parlaient l'allemand. Elle avait trouvé la perle en la personne du petit Louis de Rouvroy. Elle le fit venir à Versailles et l'installa auprès de son fils. C'est ainsi que le duc de Saint-Simon pénétra à la Cour. Grâce à son amitié pour Philippe, cet impitoyable critique et chroniqueur génial épargna un peu la maison d'Orléans.

Madame appréciait beaucoup son fils, qui était avec elle la gentillesse même. Elle avait compris son étonnante intelligence, sa forte personnalité, sa générosité aussi, son caractère joyeux, ouvert, amoureux de la vie. Seulement, c'était un débauché. Il aimait le vin, les femmes, et se livrait à des orgies que Madame critiquait vertement. Madame n'appréciait pas du tout non plus le précepteur de son fils devenu son conseiller, un certain Dubois qui se faisait passer pour abbé alors qu'il n'avait jamais reçu les ordres. C'était une créature chafouine, un intrigant et un débauché qui ne reculait devant rien. Madame était aussi proche de sa fille, prénommée comme elle Élisabeth-Charlotte, qu'on allait bientôt marier au duc de Lorraine.

Déçue dans son amitié avec le roi, Madame se retira à Saint-Cloud, à la porte de Paris. Monsieur y avait fait bâtir un palais magnifique du goût le plus achevé, qu'il avait rempli de ses extraordinaires collections, tableaux, sculptures, pierres gravées, bijoux et objets précieux. Saint-Cloud était entouré d'un vaste parc de rêve et d'une profonde forêt. Des cascades et des fontaines égayaient les parterres multicolores et se perdaient dans les frondaisons.

Un jour, Louis XIV infligea à Madame une humiliation qu'elle ne devait jamais digérer. Tout sucre et miel, le roi annonça qu'il donnait sa fille en mariage à leur fils. Sa fille, une bâtarde ! En effet ce n'était pas une enfant légitime qu'il donnait à Philippe d'Orléans, mais une fille qu'il avait eue de madame de Montespan. Or, Madame haïssait les bâtards ! Elle voulut s'opposer à cette union, mais Monsieur, par faiblesse, se laissa embringuer lorsque Louis XIV lui offrit en échange, pour lui et ses descendants, le Palais-Royal. Ainsi entra dans la maison d'Orléans cette demeure, qu'ils aimèrent tous jusqu'à ce qu'ils la perdent lors de la révolution de 1848. Le candidat fiancé s'empressa d'accepter. Tout tremblant, il annonça l'événement à sa mère en pleine galerie des Glaces : « Ma mère, j'ai une nouvelle. » Lorsqu'elle entendit de la bouche de son fils de quoi il retournait, elle le gifla devant toute la Cour. Et lorsque Louis XIV vint la complimenter pour ces fiançailles, il lui fit une profonde révérence et, en se relevant, se trouva face au derrière de Madame qui lui avait tourné le dos. D'emblée, elle détesta sa future belle-fille. « Mademoiselle de Blois », écrivait-elle, « ressemble comme deux gouttes d'eau à un cul. »

L'entrée dans le XVIIIe siècle marqua le déclenchement de la désastreuse guerre de succession d'Espagne que la France dut mener contre l'Europe entière. Les défaites se succédèrent, le pays en arriva à la ruine totale. Un hiver désastreux s'y ajouta, qui accabla la France d'une famine inédite. Il faisait si froid que le vin gelait dans les verres de Louis XIV à Versailles. Stoïque, il ne se plaignait pas. Mais Madame gémissait, tout comme la Maintenon qui ne quittait pas son fauteuil matelassé et ses chaufferettes. Les succès militaires que remportait son fils Philippe étaient une maigre consolation pour la duchesse d'Orléans.

Le roi vieillissait, il était fatigué et désespéré car il voyait que ses entreprises tournaient court. Il pensait qu'il avait eu raison d'accepter la succession d'Espagne pour son petit-fils, et c'était en pleine conscience qu'il l'avait fait, sachant qu'il déchaînerait une coalition européenne. La Palatine se désolait de le voir désespéré. Louis XIV avait un tel empire sur lui-même qu'il ne le montrait pas ouvertement, mais sa belle-sœur perçait son attitude hautaine et distante. Elle savait qu'il était perdu. Il imaginait la France envahie, dépecée, lui-même détrôné, sa famille exilée. Il priait chaque jour ce Dieu qu'il avait tellement offensé. Il n'avait même plus envie de courir le cerf et de galoper dans les bois, alors que sa belle-sœur l'invitait à l'y suivre. Lorsqu'elle lui disait : « Mais venez donc courir le cerf », il la regardait tristement et répondait avec un doux sourire qu'il la remerciait pour sa sollicitude mais qu'il était trop fatigué.

En 1701, Monsieur mourut brusquement d'une apoplexie en son château de Saint-Cloud. La veille, il avait eu une violente dispute avec son frère. Et Saint-Simon de dire que ce fut la cause de son arrêt de cœur ! Louis XIV manifesta un chagrin sincère, peut-être assorti de remords bien que ce ne soit vraiment pas son genre. Bien qu'ils aient eu des différends, bien que Louis XIV eût maltraité Monsieur et l'ait toujours cantonné à un rôle secondaire par jalousie, les deux frères s'étaient profondément aimés. Quant à Madame, la mort de son époux l'accablait moins qu'elle ne lui faisait peur. En effet, dans son contrat de mariage, il était stipulé qu'une fois veuve, elle devrait se retirer au couvent de Montargis. Or, de couvent, elle ne voulait sous aucun prétexte. Alors qu'on veillait la dépouille de son époux, elle parcourait les salons du château de Saint-Cloud en hurlant : « Point de couvent ! Point de couvent ! » Louis XIV, magnanime, l'assura qu'elle n'avait aucune crainte à avoir, qu'elle garderait tous ses privilèges, avantages et domaines.

Brusquement, la situation changea de la façon la plus inattendue. Le grand Dauphin, fils unique de Louis XIV, mourut, puis son successeur le duc de Bourgogne, à la fleur de l'âge, ainsi que sa femme, la duchesse de Bourgogne, à vingt ans à peine. La jeune femme avait égayé la vieillesse de Louis XIV et de madame de Maintenon. Puis, le duc de Berry, cadet du duc de Bourgogne, mourut à son tour. Le troisième fils, duc d'Anjou, étant devenu roi d'Espagne, l'héritier du trône était désormais un enfant de quatre ans, fils unique du duc de Bourgogne. La couronne se rapprochait donc de Philippe, duc d'Orléans. Après le petit héritier, c'était lui, le successeur légitime. Si l'enfant survivait, Philippe serait régent pendant sa minorité.

Cette situation rendit madame de Maintenon furieuse. L'importance que prenait le duc d'Orléans la faisait enrager. Elle le détestait comme elle haïssait sa mère, Madame. Elle n'avait d'yeux que pour son petit chéri, le duc du Maine, fils de madame de Montespan, qu'elle avait élevé et qui était devenu son favori. Alors, pour le rapprocher de la couronne, elle se mit à répandre un torrent d'horreurs sur Philippe d'Orléans. Il avait toujours désiré la couronne, c'était lui qui avait empoisonné le duc et la duchesse de Bourgogne, il fallait protéger le petit Dauphin car sinon le duc d'Orléans l'empoisonnerait aussi.

Ces inventions sur l'ambition criminelle et les empoisonnements de Philippe d'Orléans allaient hélas traverser les siècles. Madame n'en détestait que mieux la Maintenon, mais que faire ? Louis XIV mourut le 1er septembre 1715. Sa fin fut sa dernière mise en scène et l'une des plus réussies. Ses adieux à la Cour, à sa famille, puis à son héritier sont un chef-d'œuvre de grandeur mortuaire comme le XVIIe siècle les aimait. Il avait fini par être tellement détesté que le peuple se réjouit de sa mort. Il fallut transporter de nuit son cadavre de Versailles à Saint-Denis. Le peuple campait autour de grands feux de joie sur le parcours du cortège funèbre. Il riait, chantait, à tel point que le duc qui accompagnait le cortège baissa la fenêtre de son carrosse et cria à la foule cette phrase inoubliable : « Croassez, crapauds, maintenant que le soleil s'est couché. »

On ouvrit le testament du roi au parlement. Ce fut la surprise. Alors qu'il avait verbalement désigné son neveu le duc d'Orléans pour assumer la régence, un codicille du testament le désavouait au profit du duc du Maine. C'était le dernier coup bas de madame de Maintenon. Philippe d'Orléans ne se laissa pas faire. Il fit incontinent casser le testament par le parlement, pour assumer la régence qui lui revenait de droit. Sur ses instances, la Cour abandonna Versailles pour Paris. Le petit roi habita les Tuileries. Quant au régent et à Madame sa mère, ils s'installèrent avec leur famille au Palais-Royal.

Pour Madame, son fils succédait d'une certaine manière à Louis XIV. La Palatine le jugeait parfaitement adapté au siècle nouveau. Il était ouvert, tolérant, libéral, incroyablement généreux, pardonnant toujours les offenses. Il était tellement bon qu'on le croyait faible, ce qu'il n'était pas. Il ne s'était jamais laissé influencer par quiconque et encore moins par ses maîtresses, ni même par celui que la Palatine appelait « l'horrible Dubois ». Le régent l'écoutait, mais Dubois ne parvenait pas à le manipuler. Philippe d'Orléans était indépendant d'esprit, il savait que sa mère l'aimait, qu'elle l'appréciait. Lui, de son côté, aimait sa mère. Elle le faisait rire avec ses commentaires sur la cour et sur les courtisans. Le régent manifestait le plus grand respect et la plus totale sollicitude envers le petit roi. Il fut aussi magnanime avec madame de Maintenon. Il lui rendit visite dans sa retraite et l'assura qu'elle garderait tous ses privilèges. C'était montrer beaucoup de générosité vis-à-vis d'une ennemie qui lui avait fait du mal, mais tel était le caractère de Philippe d'Orléans. Madame continuait à noircir des feuilles et des feuilles de lettres, mais la plupart de ses correspondants l'avaient précédée au paradis. Elle mourut tranquillement au château de Saint-Cloud, sans faire de bruit, quelque peu oubliée de tous, un jour de 1722.

Je suis fier de descendre de la Palatine. Tous, nous avons hérité d'elle et le goût de la scatologie, et celui des charcuteries, en particulier des saucisses. Je l'admire pour ce qu'elle représente, la liberté, l'honnêteté, la franchise et l'indépendance, dans une époque où ces qualités étaient rares. Ses lettres me font rire. De cela, je lui serai à jamais reconnaissant.

PERCY FAWCETT, L'EXPLORATEUR

(1867-1925)

Lorsque j'étais adolescent, je séjournais parfois au château d'Eu, propriété de ma tante la comtesse de Paris. Ses aïeux y avaient apporté pas mal de souvenirs de l'empire du Brésil, sur lequel ils avaient régné. Ces souvenirs ethnologiques étaient rassemblés dans un cabinet de curiosités au rez-de-chaussée. La pièce de résistance en était une tête réduite Jivaro. Cette tribu de l'Amazonie respectait un rituel qui consistait à couper les têtes de ses ennemis et à les réduire à la taille d'un poing humain, par une technique qui lui était propre. Ces trophées témoignaient de leur courage.

Les ancêtres de la comtesse de Paris avaient donc reçu cet objet, qui avait pour particularité de gémir la nuit. Depuis le salon du premier étage, nous entendions les gémissements du cabinet de curiosités. Nous descendions en courant, ouvrions la porte, tout était noir et silencieux. Nous repartions, cela recommençait. La tête n'était pas contente. Un jour, ma tante ou mon oncle nous fit remarquer que la tête n'avait pas appartenu à un indigène d'Amazonie, mais à un Européen. En effet, la peau était très pâle et les cheveux blond roux avec une moustache du même ton. Ma tante nous raconta qu'on disait que c'était la tête de Fawcett. Mais qui était Fawcett ? J'appris alors son histoire.

Percy Fawcett est né dans la bourgeoisie intellectuelle proche de l'*establishment* anglais qui depuis des générations gouvernait le pays. Il reçut une éducation stricte. Il y avait Dieu, la reine Victoria et l'Angleterre, rien d'autre. Cette éducation était tout orientée vers le devoir, mais lui avait aussi donné le goût du grand monde et des horizons lointains. Il s'était donc engagé dans l'armée et avait rapidement gagné ses galons. On l'avait envoyé dans des pays lointains. Sa valeur ayant été appréciée, on le forma à l'espionnage. Il voulait servir son pays en renseignant les autorités sur ce que mijotait un ennemi en puissance.

À l'époque, pour les Français, l'espionnage n'est pas un métier très honorable, mais pour les Anglais, c'est une façon magnifique de servir sa patrie. Nombre d'hommes et de femmes appartenant à l'élite se font occasionnellement espions. Ils voyagent beaucoup, vont dans les pays qui intéressent les services anglais, on leur demande d'ouvrir les yeux et les oreilles et de rapporter le plus d'informations possible, ce qu'ils font avec ardeur.

Au bout de quelques années, Fawcett était devenu un espion à part entière, et on l'envoya en mission en Amérique latine. Depuis des décennies, le Brésil et la Bolivie se disputaient sur leur frontière amazonienne. N'arrivant pas à s'entendre, ils avaient demandé l'intervention des Britanniques. Obligeante, l'Angleterre envoya une équipe pour définir une frontière. C'est ainsi que Fawcett découvrit la curieuse Bolivie, ses rochers et ses déserts.

En venant de l'ouest, après une longue ascension, on atteint les deux capitales du pays, puis l'immense plateau du lac Titicaca, bordé de pics inaccessibles. On redescend très vite par l'autre côté. À sa surprise, Fawcett y contempla pour la première fois un océan de verdure : la jungle terrifiante et séduisante. Terrifiante parce qu'on ne sait jamais ce qu'elle réserve tant le danger y est omniprésent, sur terre, dans les arbres, sous terre. Partout des serpents, des insectes empoisonnés, des prédateurs comme les crocodiles. Mais partout aussi les eaux, les fleurs, les feuilles, le ciel lorsque l'on a la chance de l'apercevoir. Ayant rencontré l'Amazonie, Fawcett fut immédiatement conquis malgré ces multiples dangers. Il fit son travail de traceur de frontières et en même temps, il regardait, écoutait et s'imprégnait. On ne sait s'il rapporta des renseignements importants aux services secrets, mais il fit le plein d'informations sur la faune, la flore et le climat de l'Amazonie. Il revint chez lui avec une vocation. Il était pourtant marié et père de deux fils. Il aimait sa femme et ses enfants, mais sa passion devait passer avant. L'Amazonie était devenue son idéal.

Il y retourna pour une autre mission et tomba plus amoureux encore de cette partie du monde. Contrairement à tant de ses compatriotes qui regardaient les indigènes comme des sauvages, Fawcett se passionna pour eux. Il échangeait avec eux d'abord grâce aux interprètes, puis en apprenant leurs dialectes. Les indigènes comprenaient que Fawcett s'intéressait à eux, qu'il ne se considérait pas comme supérieur, et se confiaient à lui sans réticence. Fawcett les interrogeait sur leurs traditions. Tous lui parlaient de civilisations extraordinaires, de vastes cités, de villes et de trésors. Tous achevaient leur récit par : « Mais cela était bien avant notre temps. » Ce qu'ils appelaient « notre temps », c'était une époque qui datait déjà de nombreux siècles, un temps de survie dans un environnement agressif qui leur avait permis de constituer un vrai savoir. Ils s'y connaissaient en plantes, en médecine, en remèdes pour toutes sortes de maladies et de blessures. Ils pratiquaient la magie et la communication avec les mondes supérieurs. Ils en savaient plus que les Européens n'auraient pu l'imaginer. Leurs traditions étaient une mine de richesses et de mystères, car bien souvent elles évoquaient ces temps antérieurs de civilisation développée…

Curieusement, les indigènes affirmaient qu'ils ne descendaient pas des gens qui avaient construit ces extraordinaires cités. Ils disaient venir d'ailleurs. Ils décrivaient aussi une végétation plus aimable, plus ouverte, des fleuves navigables, des eaux courantes et peu dangereuses, des animaux domestiques, des cultures, toutes choses disparues. Ils soutenaient que le monde continuait à évoluer, que rien ne demeurerait toujours sous cet aspect. Chaque fois que Fawcett leur demandait où se trouvaient ces cités, ces temples, ces palais immenses, ils devenaient plus vagues et se contentaient de montrer une direction. Comment avaient-ils appris l'existence de ces civilisations ? Leurs grands-pères l'avaient probablement appris de leurs propres grands-pères qui l'avaient appris de leurs grands-pères, et ainsi de suite.

Les recherches de Fawcett furent interrompues par la Première Guerre mondiale. Il se rangea immédiatement sous les drapeaux britanniques et se battit sur plusieurs fronts. Il participa en particulier à la bataille de la Somme, où il vit ses compatriotes massacrés. Il prit alors la guerre en horreur. Il ne rêvait que de repartir en Amazonie, car il trouvait les indigènes plus humains que les militaires qu'il côtoyait. Fawcett avait été profondément atteint par ce qu'il avait vu, et il savait qu'il ne guérirait qu'en retrouvant l'Amazonie. Il était d'autant plus impatient de s'y perdre qu'il avait découvert dans la bibliothèque de Rio de Janeiro un étrange manuscrit. Celui-ci datait du XVIIIe siècle et relatait sous forme de lettres l'expédition d'un explorateur brésilien dont on ignore le nom. L'explorateur racontait en détail sa marche à travers une jungle hostile jusqu'aux ruines imposantes d'une cité qui avait dû être gigantesque, révélant un art des plus sophistiqués, proche de celui de la Grèce antique. L'explorateur y avait trouvé des sculptures splendides et d'autres merveilles. Mais il avait dû abandonner son exploration. Depuis, personne n'était à nouveau parti en quête de cette cité enfouie. Peut-être y avait-il d'autres trésors plus précieux encore à découvrir !

Percy Fawcett partit donc à la recherche de ces cités que les indigènes lui avaient si souvent décrites. Il voyagea une fois, deux fois, trois fois. Entre chaque expédition, il rentrait en Angleterre et présentait ses découvertes. Un soir où il était particulièrement en forme, il raconta comment il avait fait face, lors d'une expédition, à des falaises abruptes. Il avait réussi à les escalader et était parvenu à un vaste plateau couvert d'une végétation aimable où erraient des animaux sauvages. C'était un monde coupé du reste de la planète et fort séduisant. À la fin de sa conférence, un homme se présenta. C'était un médecin. Il posa beaucoup de questions à Fawcett sur ce plateau et le monde qu'il avait découvert. Celui-ci lui fournit toutes les réponses qu'il pouvait souhaiter. L'homme repartit, enchanté. C'était Conan Doyle. De ce récit, il devait tirer l'un de ses plus célèbres romans : *Un monde perdu*.

Fawcett suscitait des enthousiasmes et des imitateurs. Beaucoup de jeunes gens voulurent s'engager avec lui dans ses expéditions. En revanche, personne ne lui donna d'argent, de telle sorte que pour repartir, il dut vendre ce qu'il possédait. Il voulait à tout prix démontrer que l'Amazonie avait été par le passé bien différente, et que l'homme y avait dominé la nature. Il était certain que cette région impénétrable avait abrité une ou plusieurs brillantes civilisations.

Je suis moi-même persuadé depuis longtemps de deux choses. D'une part que les débuts de la civilisation sont bien plus anciens qu'on ne le croit. D'autre part qu'il y a eu avant celles que nous connaissons des civilisations très avancées dont jusqu'ici aucun vestige n'a été trouvé. J'en ai deux preuves. L'une que j'ai constatée bien après sa découverte, l'autre que j'ai vue alors qu'elle sortait de terre. Pendant plus de trois mille ans, d'abord, on a complètement ignoré l'existence de la brillante civilisation crétoise-minoenne. Une catastrophe naturelle l'avait anéantie en 1500 avant Jésus-Christ, et plus personne n'en avait entendu parler. En 1910, l'archéologue Evans en a découvert des restes somptueux, prouvant que de grandes civilisations nous étaient encore inconnues.

Et puis, il y a Göbekli Tepe. C'est un lieu-dit au sud de la Turquie, près de la ville de Gaziantep. Il y a quelques années, un explorateur bavarois, suivant les indications d'un paysan, se mit à creuser et découvrit un site extrêmement riche d'un point de vue artistique et architectural. Il s'agissait d'une construction circulaire faite de grandes stèles avec de beaux bas-reliefs. L'histoire des lieux était inhabituelle. Le site avait été creusé, puis aussitôt enterré par ceux qui l'avaient inventé. L'archéologue bavarois n'avait trouvé aucun reste humain, preuve que le site n'avait jamais servi de tombe. Cela prouvait un art sophistiqué. Cette découverte provoqua une révolution dans l'histoire, puisque l'ensemble fut daté de 9 000 ans avant Jésus-Christ. Il existait donc une civilisation beaucoup plus ancienne que toutes celles enregistrées jusqu'alors, et ayant permis à l'agriculture de se développer. Elle ne se limitait d'ailleurs pas à un site, mais à plusieurs semblables dans un rayon de trois cents kilomètres au nord de la Mésopotamie.

Un beau jour, lors d'une expédition, Percy Fawcett tomba sur des vestiges qui différaient de tout ce qu'il avait vu jusqu'alors. C'étaient de longs murs, très bas mais bien construits en pierre, ce qui n'existait alors pas en Amazonie, puis un début de route pavée. C'était peu et beaucoup à la fois. La végétation était tellement dense qu'il était quasiment impossible de fouiller. Il tenait pourtant la preuve qu'en Amazonie, il n'y avait pas que des indigènes vivant en tribus. Ces murs et cette route prouvaient que des habitants avaient autrefois su dominer la nature pour les construire. Il ne rêvait que d'une chose, c'était d'en découvrir davantage.

Au cours de ses expéditions, Fawcett s'était aperçu que ces tribus d'apparence primitive gardaient des habitudes vraisemblablement venues d'ailleurs. En fait, c'étaient eux, les indigènes, qui étaient les vestiges de ces civilisations perdues. Leurs rites, leurs liturgies et leurs mythologies étaient d'un raffinement et d'une profondeur qui dénotaient avec la précarité de leur vie. Leurs gestes, leurs danses, leurs saluts venaient de la nuit des temps.

Lors d'un de ses voyages, Fawcett était arrivé dans une tribu. Comme toujours, il avait été accueilli avec méfiance. Il dialogua avec les indigènes, se comporta comme eux, et l'atmosphère se détendit. Eux aussi parlèrent alors d'anciennes civilisations, mais cette fois ils en précisèrent les lieux. C'était très loin de chez eux, mais ils savaient y aller. Cela prendrait des semaines, peut-être des mois. Fawcett promit de revenir. En 1925, il repartit donc avec pour seule compagnie l'un de ses fils et un ami de son fils. Les trois Européens s'enfoncèrent dans des dizaines de milliers de kilomètres de jungle hostile. Ils arrivèrent au point de rendez-vous et, guidés par plusieurs des membres de la tribu, ils se mirent en route vers l'inconnu.

Fawcett avait l'habitude de disparaître pendant de longues périodes sans donner de nouvelles. Un an passa, puis deux ans. Sa famille et ses amis commencèrent à trouver le temps long. Il y eut des enquêtes, on parvint jusqu'à la tribu qu'il avait plusieurs fois visitée. Les indigènes rapportèrent qu'il s'était engagé vers l'ouest et qu'ils ne l'avaient plus revu. Plus tard, une autre expédition recueillit la confession du chef : Fawcett s'était montré agressif, il l'avait donc tué ainsi que ses deux compagnons. On retrouva une tombe. Les ossements furent analysés à Londres, mais ils ne pouvaient en aucun cas avoir appartenu à Fawcett. Alors, on douta des dires du chef indigène, d'autant que jamais Fawcett ne s'était montré agressif. On dit aussi qu'il aurait retrouvé la ville légendaire et qu'il n'aurait plus jamais voulu la quitter.

La science commence à confirmer ces théories. Elle a récemment conçu des lunettes qui permettent aux avions de percer la voûte végétale et de voir ce que la surface du sol recèle. On a ainsi découvert dans la forêt amazonienne, comme l'avait dit Fawcett, des routes longues de centaines de kilomètres ainsi que des carrés ou rectangles de murs bordés de fossés, entourés de ce qui semble être des murailles, prouvant l'existence par le passé de constructions extrêmement importantes. On vient aussi de découvrir que, dans les régions les plus reculées de l'Amazonie, l'agriculture a existé, il y a des milliers d'années. Tout récemment, une paroi s'étendant sur une dizaine de kilomètres a été retrouvée à la frontière du Brésil avec la Colombie. Elle est entièrement couverte de peintures préhistoriques représentant des animaux disparus depuis ainsi que des plantes qui n'existent plus dans cette région. Cela prouve que la végétation y fut beaucoup plus aimable, permettant l'agriculture et une vie « normale ». Ce ne sont que des bribes, mais c'est un début prometteur. Peut-être d'autres preuves seront-elles bientôt trouvées pour prouver que Fawcett, mort pour l'Amazonie, avait raison.

Voici comment j'imagine la fin de Fawcett. Son groupe traversa des rivières, escalada des plateaux, s'enfonça plus loin qu'il n'aurait jamais songé. Les indigènes qu'il avait interrogés depuis des décennies sur ces civilisations lui affirmaient qu'ils ne savaient pas exactement où elles avaient brillé. Tous répétaient aussi que jusqu'à ce jour, elles continuaient à être défendues de telle façon que personne ne puisse y avoir accès. Fawcett comprit que des poisons avaient été répandus tout autour. Les indigènes qui les accompagnaient avaient pris avec eux tous les contrepoisons possibles de leur fabrication. Fawcett et ses amis en avaient éprouvé l'efficacité contre les insectes, les morsures de serpent et même les maladies. Mais soudain, tous les membres de l'expédition furent pris de fièvres violentes. Ils comprirent qu'ils avaient atteint la périphérie de l'un de ces lieux sacrés et que le poison répandu à l'époque de leur construction agissait sur eux. À leur horreur, ils s'aperçurent que les contrepoisons qu'ils avaient apportés n'avaient aucun effet. Ils surent qu'ils étaient condamnés. Si les indigènes l'acceptèrent avec résignation, le fils de Fawcett et son ami beaucoup moins. Quant à Fawcett, il était certain qu'il ne serait pas le dernier à rechercher ces cités. Il était convaincu que d'autres après lui auraient raison des dangers de la route et des pièges élaborés par les bâtisseurs de ces civilisations. Il avait ouvert une voie et mourait satisfait. Il avait agi par amour de son pays et des hommes, pour les faire avancer en leur ouvrant les portes de la connaissance.

RÛMÎ

(1207-1273)

Rûmî est né à Balkh, actuellement en Afghanistan, en 1207. C'était alors une somptueuse cité. Les caravanes arrivaient de partout, la circulation était incessante. Le paysage autour était somptueux, des fleuves intarissables coulaient au pied de montagnes arides dans des plaines larges et opulentes. La ville, immense pour l'époque, était entourée de murs épais et abritait de magnifiques monuments.

Rûmî grandit dans une famille unie. Sa mère, une noble dame du pays, ne jouait pas un grand rôle. Elle était écrasée par la personnalité de son mari. Celui-ci avait le talent de mêler la spiritualité et l'érudition avec beaucoup de cœur. Il aimait écouter et aider. Rûmî apprit beaucoup à ses côtés, moins par ce qu'il enseignait que par son comportement, à commencer par sa tolérance. Les lieux mêmes inspiraient à l'ouverture d'esprit. Bien sûr, ils étaient musulmans, mais l'islam était venu bien tard en ces terres. Il subsistait encore des reliquats d'autres civilisations et d'autres religions. Alexandre le Grand avait également laissé son empreinte. Aussi, bien qu'éloignés de la Grèce, ils étaient imprégnés de culture grecque, de philosophie et de métaphysique. L'influence chrétienne était grande, car des missionnaires délivraient bruyamment leur doctrine. Il y avait du mal, mais il y avait aussi du bien dans leur enseignement, et c'était ce que Rûmî tâchait de recueillir. Rûmî étudiait les textes, il avait de la facilité à apprendre par cœur, mais surtout, il apprenait en regardant autour de lui, en écoutant, en observant et en réfléchissant. C'est ainsi qu'il forgea sa propre religion. Son père n'osait pas trop avouer la sienne, mais Rûmî sentait qu'il était proche de ses idées. Selon eux, Dieu n'appartenait à aucune religion particulière mais à toutes. Il protégeait, inspirait et encourageait ceux qui ne l'enfermaient pas dans un dogme.

De nombreuses disciplines attiraient Rûmî. L'histoire le fascinait, la poésie l'enchantait. Il se gorgeait de vers de toutes les époques, de toutes les inspirations. Il comprit que la poésie était le meilleur moyen de transmettre ses idées, en les cachant sous une apparence frivole et terrestre. Un matin, son père monta en chaire. Rûmî avait douze ans et se rappela ce jour toute sa vie. Son père annonça qu'il fallait abandonner la ville, car bientôt elle serait assiégée. Tous seraient massacrés et la ville rasée. Détruite, leur Balkh si belle et prometteuse ! Rûmî observa les émotions diverses de la foule qui encombrait la mosquée. Il y avait la crème de la société de Balkh. En écoutant son père, les notables étaient stupéfaits. Certains prirent peur, d'autres étaient furieux. Beaucoup partirent. Ils emportèrent tout ce qu'ils pouvaient. Pas un instant Rûmî ne douta de son père : celui-ci était trop sérieux pour inventer ou divulguer n'importe quelle rumeur. S'il avait eu une révélation, c'est qu'elle était vraie, profonde. S'il annonçait la ruine de Balkh, c'était que Balkh serait ruinée.

Effectivement, peu après, l'impitoyable Tamerlan prenait la ville, tuait à satiété, détruisait sans repos. Il ne resta rien de leur ville, ni habitants, ni monuments, ni murs, rien que le sable de cette contrée naguère fertile rendue désertique par la cruauté des hommes. Ceux qui avaient fui étaient bien loin quand cette catastrophe survint. Pendant des années, avançant au pas lent des chameaux, ils errèrent de métropole en métropole. Les communications avec Balkh les avaient rendus familiers de ces capitales, ces peuples, ces civilisations. Malgré le drame qu'il vivait, Rûmî était excité par ces découvertes. Tout lui plaisait, tout l'intéressait : les êtres, les monuments, la nature, le climat. Tout devenait une aventure, une occasion d'évasion. En même temps il s'instruisait auprès de son père qui, à chaque étape, délivrait son enseignement. Il était reçu avec déférence, car sa réputation avait franchi les frontières. Ils étaient généreusement hébergés, et les prêches de son père faisaient salle comble.

Après plusieurs années passées sans domicile fixe, ils atteignirent la ville de Konya, au centre de la Turquie d'aujourd'hui. C'est une très antique cité située dans une région riche en monuments d'une ancienneté prodigieuse. La réputation des souverains de cette ville l'attirait, les sultans seldjoukides qui avaient conquis la région il n'y avait pas si longtemps étaient connus pour leur tolérance et leur ouverture d'esprit. Malgré les interdits de l'islam, ils osaient représenter sur leurs murs des animaux, parfois même ils s'essayaient à peindre ou sculpter un être humain, un visage.

L'accueil qu'ils reçurent fut si chaleureux qu'ils se sentirent aussitôt chez eux. La mère de Rûmî mourut peu après leur installation. Rûmî, âgé de dix-neuf ans, se maria. Il épousa la fille d'un saint homme de Samarkand qui lui donna deux fils, Walad et Alâ od Dîn. Il jouissait de la protection des sultans, qui lui assuraient le vivre et le couvert et le laissaient tranquille pour étudier, prêcher, penser ce qu'il voulait.

Son maître à penser l'envoya étudier à Alep, puis à Damas où il resta plusieurs années. C'est en 1242, à l'âge de trente-deux ans, que Rûmî s'installa définitivement à Konya. Son père était mort. Il le regretta profondément, mais assuma avec confiance son héritage et lui succéda. Rûmî perpétua sa chaire vouée à la connaissance et à la tolérance. Puis, sa femme mourut. Rûmî prit alors une seconde épouse, la veuve d'un notable local, qui lui donna trois enfants. Il avait hérité des privilèges de son père. Il avait construit un monastère en ville sur un terrain du sultan, avec l'argent du sultan. Le monastère n'était ni grand ni luxueux, mais tel qu'il le voulait : un lieu calme et silencieux où héberger des disciples et les engager à la méditation et l'introspection. On pouvait même y être heureux. C'était ce qu'il souhaitait. Les étudiants accoururent. Comprenaient-ils ce qu'il enseignait ? Certains sans doute. Beaucoup prenaient des notes sans trop réfléchir.

Rûmî donnait aussi des sermons à la cour du sultan, qui le réclamait sans cesse. Il s'entretenait avec lui lors de longs tête à tête. C'était un homme intelligent et curieux. Ils pouvaient s'ouvrir l'un à l'autre. La Cour écoutait Rûmî par respect envers le sultan. Leur admiration béate cachait parfois la frivolité et souvent l'ennui, car ce qu'il enseignait ne correspondait pas à ce qu'ils voulaient entendre. Jalousé, admiré, Rûmî avait tout ce qu'il souhaitait : une famille parfaite, une habitation exquise, de nombreux étudiants. Il avait la faveur du sultan et était devenu la grande personnalité de la ville. Il avait en plus le temps d'écrire. Il noircissait des pages de vers qui mêlaient la joie de vivre et la spéculation intellectuelle. Il se promenait souvent hors de la ville. Les majestueux paysages de l'Anatolie le poussaient à regarder vers le ciel.

Il avait tout, et pourtant il n'était pas heureux. Il était seul et ne savait pas où il allait. La nature même de son esprit le rendait inaccessible. En dehors du sultan, il n'avait personne avec qui dialoguer. Il avait l'impression que personne ne le comprendrait jamais. Et puis il se demandait où tout cela le mènerait. Il n'avait aucune réponse. Alors le destin joua.

Rûmî aimait se promener dans le bazar, il y croisait des gens occupés et pressés qui ne lui prêtaient aucune attention. Il s'arrêtait longuement devant les étals, où il y avait toujours quelque chose à découvrir. Un jour, en flânant, il tomba sur un grand homme décharné, presque le double de son âge soit la soixantaine. Il n'était pas beau ni soigné. Il semblait pauvre, avait une mine agressive, presque menaçante. Il paraissait repousser toute approche. Son nom était Shams ed Dîn Tabrîzî, car ce Persan venait de la ville de Tabriz. Interloqué, Rûmî observa cet homme à l'apparence inhabituelle.

Shams le regarda en retour. Ses yeux le transpercèrent et l'enflammèrent. En une seconde, sa vie bascula. Ses vêtements disaient qu'il était un homme de Dieu et un étranger. Il s'était arrêté face à Rûmî, qui fit quelques pas, le salua respectueusement et lui offrit l'hospitalité. D'un signe de tête, Shams accepta. Il le suivit à travers les ruelles du bazar, puis dans les artères de Konya jusqu'à son couvent. Rûmî le conduisit dans sa bibliothèque. C'était une vaste pièce de travail emplie de manuscrits. Dans un coin, il avait installé un large sofa car souvent, plutôt que de retrouver sa famille, il y restait dormir après s'être fait servir un léger souper.

Ils s'installèrent sur le sofa et commencèrent à parler. Tout de suite, ils discutèrent de spiritualité, argumentant, se complétant, se trouvant en accord ou en désaccord. Rûmî était fasciné par Shams et Shams semblait passionné par ce que Rûmî disait. Le jour tomba. Rûmî leur fit servir un léger souper : du mouton, du riz, des fruits. L'homme de Dieu dévora tout cela à belles dents. Peut-être n'avait-il pas mangé à sa faim depuis un bon bout de temps. Rûmî grignotait à peine, emporté par la passion qui déjà le dévorait. Ils parlèrent toute la nuit sans voir l'heure passer. Ils continuèrent de discuter des sujets les plus élevés, sans jamais faire allusion ni à l'un ni à l'autre. Rûmî vit par les fenêtres le ciel s'éclaircir doucement. Il proposa à Shams de se reposer. Ils s'étendirent sur le sofa, se rapprochèrent, leurs corps s'unirent dans la passion, tout cela le plus simplement, le plus naturellement, le plus harmonieusement possible, comme si cela avait été décidé depuis des temps immémoriaux. Puis, comblés, ils s'endormirent. Lorsqu'ils se réveillèrent, le jour battait son plein. Ils ne sortirent pas de la pièce. Rûmî leur fit servir les repas. Ils parlèrent, firent l'amour, et ne quittèrent pas la bibliothèque pendant quarante jours.

Dès le premier instant, ils furent unis par l'âme, le cœur, le corps. Mais cela ne suffit pas à tout expliquer. Parfois, et c'était leur cas, l'amour humain devient l'amour divin. Tous deux forment un même amour qui est à la base de tout, fondement de la création. Dehors, l'agitation régnait. La famille de Rûmî était scandalisée et perplexe. Les étudiants s'interrogeaient, les courtisans s'esbaudissaient, le sultan était furieux. Ils sortirent enfin et s'expliquèrent. Shams habiterait désormais avec Rûmî dans le couvent, et Rûmî cesserait de donner des cours à ses étudiants.

Une nouvelle vie commença. Ils utilisaient surtout la pièce de travail du couvent, cette bibliothèque inspirante et sereine. Rûmî recevait bien quelques disciples ici ou là, mais pas plus. Il négligea ses prêches à la cour. Il ne donna aucune explication, sauf qu'il devait se retirer pour réfléchir, méditer, prier et s'améliorer. Shams était celui que Rûmî avait attendu toute sa vie. C'était son maître. Il était beaucoup plus fort que lui dans la spéculation métaphysique. Il allait plus loin, il était aussi plus structuré et solide. Il ne se perdait pas dans les méandres de la recherche. Il n'hésitait pas, ne tremblait pas devant les découvertes qu'il faisait. Il ne s'interrogeait jamais, il avançait, et Rûmî suivait.

Le travail de Rûmî consistait à transcrire ce que Shams lui disait. Il était le scribe de leur passion. Il transcrivait ce qui se passait en eux, mais aussi ses enseignements et les découvertes qu'ils faisaient ensemble. Il écrivait la foi brûlante qui les animait tous les deux, foi en Dieu, en l'humanité, en l'univers.

Shams écrivait également. Il était moins abondant que Rûmî et sa langue était peut-être plus obscure. Il n'utilisait pas la poésie comme Rûmî. Il allait directement au sujet, son expression en était plus limitée. Il pensait pour deux et Rûmî écrivait pour deux :

« J'ai demandé un baiser, tu m'en as donné six.
Qui était enseignant est aujourd'hui élève.
Les bonnes et généreuses choses prennent forme
En moi, et l'air est clair. »

Ils sortaient peu de leur retraite. Rûmî rendait visite à sa famille, accompagné de Shams. Son fils aîné Walad avait tout deviné, il était le véritable héritier de Rûmî et acceptait cette situation étrange sans discuter. Les autres faisaient la grimace mais gardaient les apparences.

Rûmî rendait de rares visites au sultan. Il ne faisait jamais allusion aux changements dans son existence, ils discutaient comme par le passé. Ils se promenaient dans la campagne, la nature demeurant la meilleure inspiratrice de leurs pensées. Shams n'avait pas besoin d'inspiration, en revanche elle était nécessaire à Rûmî. Ils vivaient hors du temps, non pas dans un autre monde, mais dans une autre dimension. Le monde extérieur ne les atteignait pas, ils n'avaient pas idée des guerres, des révolutions.

Et pourtant l'incompréhension et la haine les entouraient. Rûmî ne se rendait compte de rien, mais Shams savait tout. Il sentait l'hostilité grandir contre eux. Il jugea bon de disparaître. Il était certain que Rûmî comprendrait. Rûmî comprit, mais la séparation lui coûta. Il n'avait plus goût à rien, et surtout pas de retourner à son ancienne vie. Il sentit que Shams demeurait maintenant en lui, qu'il ne l'avait pas quitté. Il avait envie de continuer à vivre, à penser, à créer, grâce à la force que lui donnait Shams. Il savait que son ami reviendrait un jour et qu'il avait raison d'être parti.

Au bout d'un certain temps qui parut interminable à Rûmî, Shams reparut. La vague de haine contre lui s'était apaisée. Les amants reprirent donc leurs habitudes. Ils avançaient ensemble vers l'absolu. Ils progressaient dans leur amour, en cherchaient l'essence, tâchant de cerner le désir surhumain qui les portait l'un vers l'autre et échappait à l'analyse. À cet amour se mêlaient la spéculation intellectuelle, la quête de savoir et la spiritualité. Ensemble, ils faisaient reculer les ténèbres et découvraient des aspects méconnus de la création. Ils s'approchaient de l'essence même de la vie, et donc de Dieu. La sensualité et la spiritualité se confondaient dans cette quête. Ils progressaient dans le dépouillement et la simplicité. Les quatre ans qui s'étaient écoulés depuis qu'ils s'étaient rencontrés semblaient à Rûmî à la fois un instant et une éternité.

« Tu dis ne plus avoir de désir sexuel.
Tu es un avec la personne que tu aimes.
Ceci est dangereux.
Ne crois pas que mon amour soit ainsi.
La nuit, nous tombons dans l'un et l'autre avec une telle grâce.
À la lumière venue, tu me repousses en arrière
Comme tu le fais avec tes cheveux.
Tes yeux maintenant enivrés par Dieu,
Les miens te regarderont toi,
Un ivrogne soignant l'autre. »

Le soir du 3 décembre 1247, Rûmî avait accepté de dîner avec quelques disciples et membres de sa famille. Ils étaient une douzaine dans la salle commune. Les cierges plantés dans les hauts chandeliers de bronze éclairaient la pièce. Ils étaient assis sur les sofas devant des tables basses. Les vastes plateaux de cuivre étaient chargés de plats et de pichets de vin. L'atmosphère était légère, insouciante. Ils parlaient de choses et d'autres, personne n'avait envie d'être trop sérieux. On riait beaucoup ce soir-là, car pour Rûmî la gaieté faisait partie intégrale de la vie.

À la fin du souper, un serviteur vint annoncer qu'un visiteur attendait Shams dans la rue. Cela parut curieux, mais Shams se leva et Rûmî ne le retint pas. Il paraît qu'il prononça cette phrase étrange, qu'il ne se rappellera pas, mais qu'on lui répétera beaucoup plus tard : « Shams, va vers ton destin. » Shams sortit. Les convives poursuivirent leurs conversations. Il ne revenait pas. Rûmî s'en étonna. Il alla à la porte de la maison, il n'y avait personne dans la rue. L'inquiétude le saisit. Il fit explorer les environs. Personne. Il commença à s'affoler, organisa des recherches plus éloignées. Toujours rien. Soudain, une idée le rassura. Comme la première fois, Shams avait disparu sans rien dire, pour des raisons qui lui étaient propres et dont il aurait bientôt l'explication. Il ne pouvait s'agir d'autre chose. Mais les jours suivants, Rûmî se partagea entre cette assurance et une inquiétude grandissante. Il requit même les services du sultan, qui les lui accorda gracieusement. Sa police lança des recherches et ne trouva rien. Shams avait disparu, et cette fois, Rûmî n'arrivait pas à communiquer par la pensée avec lui. Il ne recevait rien de lui.

Avec plusieurs disciples, Rûmî se mit donc à la recherche de Shams dans le vaste monde. Il allait de métropole en métropole, interrogeait, faisait faire des recherches. Il était si troublé qu'il n'arrivait plus à se concentrer. Il courait comme un fou, hurlant le nom de son bien-aimé dans les déserts, dans les forêts, dans les rues, dans les palais. Il refusait d'admettre ce que son instinct lui suggérait. Il refusait la vérité. Ses disciples le suivaient sans rien dire mais, de plus en plus découragés, ils n'osaient pas lui avouer ce qu'ils pensaient. Rûmî ne s'étonnait même pas de ne pas entendre au fond de son cœur la voix de Shams. Si l'aimé ne lui parlait pas, c'était que Rûmî lui-même ne voulait pas l'entendre. Cette errance désespérée dura plus de deux ans.

Un jour, en pleine ville, il s'arrêta et dit : « J'ai trouvé Shams. » Ses disciples l'entourèrent, stupéfaits, ne comprenant pas.

« Mais où est-il ?

– En moi. »

À force de s'angoisser, à force de souffrir, Rûmî s'était fatigué. La place était libre pour que la raison revienne. Aussitôt, Shams se fit entendre en pensée. Il ne s'étendit pas sur ce qui s'était passé le soir de sa disparition, mais Rûmî comprit. Au sortir du dîner, Shams avait été agressé dans la rue déserte et tué par des hommes de main. Selon toute probabilité, ils avaient été payés par le second fils de Rûmî, Alâ od Dîn, qui depuis le début jalousait et haïssait Shams. Son corps avait été enterré on ne sait où. Cela était totalement indifférent à Rûmî. Les tombes n'avaient aucune valeur pour lui. Shams fit comprendre à Rûmî qu'il avait su ce qui l'attendait. Il avait été au-devant du sacrifice pour mettre un terme à la discorde et à la haine autour de lui, et pour que l'harmonie revienne dans l'entourage de Rûmî.

Ils différaient résolument sur ce point. Toute la pensée de Rûmî, toute sa philosophie, tous ses efforts tendaient à ce que l'harmonie règne sans sacrifice. Il était résolument opposé au martyre. Or, Shams était devenu un martyr, puisqu'il était allé au-devant de la mort au nom de ses convictions, au nom de son amour pour Rûmî. Hélas, il n'était plus temps de le dissuader. Rûmî et ses compagnons rentrèrent à Konya. Il était désormais serein, quoique plongé dans un océan de tristesse. Son ami lui manquait. Lorsque Rûmî rentra chez lui, il trouva sa famille ressoudée, ses disciples apaisés. Selon les instructions très précises de Shams, il ne se tourna pas contre son second fils l'assassin, et tâcha de ne pas lui en vouloir. Il n'avait été que l'instrument du destin que Shams s'était choisi.

Rûmî apprit à nouveau à partager son temps, son savoir, son enseignement. Il refusait la notoriété et les vastes assistances d'autrefois et reprit ses cours pour un petit nombre. Il visitait de temps à autre la Cour. Le sultan avait changé, le successeur de celui qui l'avait accueilli lui témoignait la même bienveillance. Surtout, Rûmî se retirait pour communiquer avec Shams, écouter ses conseils, ses enseignements. De même, il travaillait et écrivait.

Deux ans après son retour à Konya, Rûmî rencontra au bazar Salâh od Dîn Farîdûn. C'était un artisan. Il était grand et beau, le cheveu clair, les yeux bleus. Il tomba aux pieds de Rûmî et lui avoua que depuis longtemps il attendait l'occasion de le rencontrer, car il l'admirait plus que tout. Il l'avait entendu dans ses cours et dans ses prêches. Il connaissait sa poésie. Saladin avait beau être un travailleur manuel, c'était aussi un mystique. Il appartenait à une confrérie d'hommes spirituels. Tout de suite, ils s'entendirent. Saladin vint habiter chez Rûmî, délaissant son travail pour devenir son scribe... et un peu plus. Rûmî n'avait pas de remords, car Shams l'encourageait dans cette voie, prônant toujours ce mélange de spiritualité et de sensualité.

« Saladin bienfaisant, que ta main soit
Un collier permanent autour de mon cou. »

En fait, la disparition de Shams fut source d'inspiration pour Rûmî. Il tâchait de traduire en vers ce qui les avait unis. Il s'interrogeait, à travers l'histoire de leur relation, sur les possibilités qu'a l'homme de choisir sa destinée. Il mêlait dans son style spiritualité et sensualité. Pour lui, elles ne faisaient qu'un. Cette façon de penser et de rédiger devenait pour la plupart une énigme. Lorsque Rûmî avait découvert la vérité sur le sort de Shams, sa première pensée avait été de se supprimer pour le rejoindre plus vite dans l'éternité. Shams l'en avait dissuadé. Si Rûmî l'aimait, il vivrait jusqu'à son terme. Cet argument convainquit Rûmî. Il accepta son sort par amour.

Rûmî finit par se lasser de Saladin. Il était gentil, il faisait tout ce qu'il voulait, mais il avait ses limites. Alors, il le remplaça, sans heurt, sans pleurs, harmonieusement. Très vite, il trouva Husâm. Lui aussi était un artisan qu'il rencontra dans un bazar où il aimait se promener depuis l'adolescence. Husâm travaillait les métaux, le cuivre et le bronze. Il n'était pas aussi beau que Saladin, il était brun avec des yeux perçants. Il était plus petit mais rayonnait, et il avait surtout beaucoup de personnalité. Il ne tomba pas à ses pieds lorsque Rûmî s'approcha de lui. Il lui manifesta son admiration et presque son amour, mais d'une façon élégante et persuasive. Il vint habiter avec Rûmî, et très vite devint son alter ego. Il était remarquablement intelligent et extrêmement doué pour l'écriture, en plus d'être un artisan de premier ordre. Il abandonna ses créations pour se consacrer à Rûmî exclusivement. C'est avec lui que Rûmî entreprit son grand-œuvre, le *Masnavi*. Dès l'aube, ils étaient au travail dans la bibliothèque qui en avait tant vu. Rûmî regardait par les fenêtres le jour se lever, le soleil apparaître, et continuait à dicter. Il n'hésitait pas, ne s'arrêtait pas, et Husâm n'avait aucune rature à faire. Dieu inspirait Rûmî et Shams l'encourageait. Ils s'arrêtaient à peine pour déjeuner et travaillaient ainsi jusqu'à la fin d'après-midi. Puis c'était le repos et, comme toujours avec Rûmî, le rire et la gaieté.

L'œuvre de Rûmî était la somme de sa vie et de ses recherches, le fruit de son union avec Shams. Elle faisait la synthèse des questions qu'il s'était posées et avait tâché de résoudre. D'autres questions s'ouvraient à lui, auxquelles il s'attaquait avec le même enthousiasme, se doutant qu'il n'aurait jamais le temps de les résoudre. Rûmî était heureux dans le travail, dans sa relation avec Husâm. Il n'y avait pas un jour sans qu'il pense de toute son âme à Shams, pas un jour sans qu'il communique avec lui.

C'est alors que Rûmî en arriva à sa grande invention. Il avait essayé toute sa vie et par son œuvre d'entrer en contact avec l'univers pour le comprendre. Au cours de ces recherches fiévreuses, il s'aperçut que son corps pouvait l'aider grâce à certains gestes, certains pas, en levant les mains, les bras, en tournant sur lui-même. Ce qui au début consistait en des gestes épars, des mouvements séparés, il le réunit, le perfectionna et le codifia. Ainsi, avec l'aide de Husâm, il esquissa les débuts du *sama*, la discipline des derviches tourneurs. Ce n'était pas seulement une danse, c'était l'un des moyens les plus profonds et les plus spectaculaires d'entrer en contact avec l'univers.

Une trentaine d'années s'étaient écoulées depuis la disparition de Shams. Rûmî comprit que son temps était venu, que sa mission était terminée. Il attendait impatiemment le moment de partir. Il reçut le privilège de choisir le moment où il partirait. Pendant une courte maladie, il dispensa conseils et instructions à Husâm ainsi qu'à son fils aîné Walad, son héritier. Ils fonderaient un ordre, ils développeraient cette danse qu'il avait inventée, dite « des derviches tourneurs », ils s'occuperaient de son œuvre et la feraient connaître. Il savait qu'il laissait son héritage entre de bonnes mains. Puis il espéra le moment de rejoindre Shams dans l'éternité. Pas un instant il ne douta qu'il le retrouverait. C'était ce qu'il souhaitait le plus au monde. Il savait que la vie ne s'achevait pas au moment de la mort, mais qu'elle commençait sous une autre forme, dans une dimension où l'amour prévalait.

Rûmî mourut le soir du dimanche 17 décembre 1273. Il avait soixante-six ans. Toute la ville de Konya suivit son enterrement. Il repose dans le couvent qu'il avait bâti avec son fils, sous un dôme vert. L'ordre des Mevlevis, qu'il a fondé et dont les derviches tourneurs ne sont qu'un aspect, se consacre toujours à la recherche mystique, à la méditation, à l'intériorisation et aux récitations des vers de Rûmî. Il survivra pendant toute la période des sultans ottomans, une fois devenu le plus important ordre religieux de l'empire. À chaque accession d'un nouveau sultan, le chef de l'ordre des Mevlevis venait à Istanbul remettre au souverain l'épée d'or de leur ancêtre, ce qui équivalait à son couronnement.

J'ai eu la chance de connaître une descendante directe de Rûmî, qui appartient à une grande famille turque. Elle me raconta que, lorsqu'Atatürk avait interdit les Mevlevis – comme tous les autres ordres religieux –, il était venu trouver son père ou son grand-père et lui avait dit : « J'ai le plus profond respect pour Rûmî. Je voudrais garder l'ordre des Mevlevis, mais je ne peux pas faire une exception. C'est donc avec le plus grand regret que je vais devoir le dissoudre. » L'ordre vient seulement d'être rétabli. Rûmî laisse derrière lui quarante mille vers, plusieurs recueils de prédications et une invitation lumineuse à la vie.

« J'ai demandé un baiser.
Lorsque je suis avec toi
Nous restons réveillés toute la nuit.
Lorsque tu n'es pas là, je ne peux pas dormir.
Honneur à Dieu pour ces deux insomnies !
Le crépuscule ressemble-t-il parfois à un lever de soleil ?
Sais-tu à quoi ressemble un amour fidèle ?
Ils disent qu'il y a une âme dans le corps de la terre
Et c'est ce que tu es. »

Remerciements

Je remercie de tout cœur les personnages de ce livre dont la compagnie m'a occupé, stimulé et envoûté pendant la période du confinement.

Je remercie également Manuel Carcassonne, Camille de Villeneuve, Léa Marty, Bénédicte Avel et surtout Marina qui, comme la tradition le veut, a relu et corrigé de la façon la plus efficace ce texte. Je remercie enfin madame de Crépy qui, depuis des années, tape mes manuscrits. Celui-ci était au moins le quarantième.

Table

Cet ouvrage a été composé
par Nord Compo à Villeneuve-d'Ascq (Nord)
et achevé d'imprimer en octobre 2021
par Normandie Roto Impression s.a.s. à Lonrai (61)
pour le compte des Éditions Stock
21, rue du Montparnasse, 75006 Paris

PAPIER À BASE DE FIBRES CERTIFIÉES

Stock s'engage pour l'environnement en réduisant l'empreinte carbone de ses livres. Celle de cet exemplaire est de :
600 g éq. CO_2
Rendez-vous sur www.editions-stock-durable.fr

Imprimé en France

Dépot légal : novembre 2021
N° d'édition : 01 – N° d'impression : 2104829
66-07-4131/4